Lost & Dark Places
Berlin und Brandenburg

Die Lungenheilstätte Kolkwitz beeindruckt mit ihren zahlreichen Backsteinbauten (Kapitel 29).

Corinna Urbach und Christine Volpert

Lost & Dark Places
BERLIN & BRANDENBURG

33 vergessene, verlassene und unheimliche Orte

BRUCKMANN

↑ Diese ehemalige Bunkeranlage besticht vor allem durch die Größe ihrer Überreste (Kapitel 8).
↓ Eine wirklich besondere Schaltzentrale findet man im Süden Brandenburgs (Kapitel 4).
↘ Im Ringlokschuppen in Heinersdorf werden schon lange keine Züge mehr abgefertigt (Kapitel 5).

INHALT

DEUTSCHE DEMOKRATISCHE REPUBLIK

BESONDERE ORTE

↑ Ein verlassenes Fabrikgebäude in einem Ort, den es eigentlich gar nicht mehr gibt (Kapitel 26).
↗ Der kleine Punk-Bruder vom Fernsehturm ist im Südwesten Berlins zuhause (Kapitel 23).

ZEUGEN EINER LÄNGST VERGANGENEN ZEIT

Kaum etwas ist in Berlin so beständig wie der Wandel. Die Stadt muss sich scheinbar regelmäßig neu erfinden, wachsen und verändern. So viele Baustellen, Alt- und Plattenbauten, schließende Klubs, öffnende Bars und nicht zuletzt die Menschen, die diese Metropole entweder hassen oder lieben – das alles prägt das Bild der Stadt, die niemals still zu stehen scheint. Vielleicht gerade deshalb hat sich in den letzten Jahren der Trend herausgebildet, eingefallene Gebäude, dreckige Hinterhöfe und andere verlassene Orte aus vergangenen Zeiten zu besuchen.

Jene Flecken dieser Metropole, an denen die Zeit – wenn auch nur für einen Moment – stillsteht. Auch im zweiten Teil der Lost-Places-Reihe haben wir wieder Highlights in Berlin und Brandenburg zusammengestellt. Abseits vom Mainstream, von Touristenströmen und Hipster-Cafés. Obschon auch hier weiterhin »Betreten nicht gestattet« gilt, der Reiz des Verbotenen bleibt. Viele der Lost Places sind in einem traurigen Zustand. Es schwingt immer eine gewisse Melancholie mit und man fragt sich, warum die Gebäude leer stehen. Es ist auch

Leer stehende Gebäude müssen nicht nur vor unerwünschtem Betreten, sondern auch vor Verfall geschützt werden.

immer wieder zu beobachten, dass sich die Natur die Orte zurückholt, sobald die Menschen sie verlassen haben.
In Berlin und Brandenburg werden Lost-Places-Fans an vielen Orten fündig. Beide Bundesländer beherbergen unzählige verlassene Militärgelände, Industrieanlagen und Gebäude längst vergessener Tage. Begeben Sie sich mit diesem Führer auf die Suche nach den Lost Places, erfahren Sie mehr über deren Geschichte und die möglichen Zukunftspläne.
Leider ist der »Dark Tourism« in den letzten Jahren in Verruf geraten. Viele Besucher verhalten sich an solch fragilen Orten respektlos. Daher finden Sie im Folgenden ein paar Verhaltensregeln für Lost Places. Wir wünschen viel Spaß beim Stöbern und Entdecken der 33 Lost Places in Berlin und Brandenburg.

DANK Corinna dankt ihren Eltern fürs unterhaltsame Herumkutschieren, Freddy Kupferstecher fürs unermüdliche Versorgen und Begleiten des Schreiberlings, Elias fürs Beisteuern von besonderen Tipps, Luzia für die moralische Unterstützung, der DB-Mitarbeiterin aus Wittenberge für ihre spontane Hilfe, den Kollegen am Gedenkort Papestraße für ihre konstruktive Anteilnahme sowie Tine für all das und noch viel mehr. Christine dankt ihrer Mama und Familie Bretschneider für die Begleitung beim Besuch einiger Lost Places, Björn für Aufklärung zu Militärstandorten, Thomas für diverses Insiderwissen und natürlich Corinna.

So verlockend dieser prächtige Eingang auch ist, hier gilt trotz allem »Betreten verboten!«

VERHALTENSREGELN IM LOST PLACE

1. Behandeln Sie die Orte mit Respekt

Jedes Bauwerk erzählt eine Geschichte aus vergangenen Tagen. Diese gilt es zu schützen. Und auch, wenn es teilweise nicht so aussieht: Jeder dieser Lost Places hat einen Eigentümer. Das sollte respektiert werden. Zerstören Sie nichts und öffnen Sie nichts gewaltsam. Sind Fenster oder Türen verschlossen, sollte das auch so bleiben. Gehen Sie respektvoll mit dem Ort um.

2. Nehmen Sie nichts mit, lassen Sie nichts da

Wenn Sie etwas von einem Lost Place mitnehmen, und sei es noch so klein, ist es Diebstahl. Wie bereits in Punkt 1 geschrieben: Alle diese Orte haben einen Eigentümer. Daher gilt die Regel: Alles bleibt, wie es ist. Belassen Sie es bei den schönen Einblicken und Fotos, die Sie von dort mitnehmen werden. Gleiches gilt auch umgekehrt: Lassen Sie nichts liegen. Keine

Essensreste, keine Kaugummis, keine Kippenstummel.

3. Rauchen verboten

Das bringt uns zum nächsten Punkt: rauchen verboten. Zollen Sie dem ehrwürdigen Ort Respekt und verzichten Sie während der Zeit, in der Sie sich dort aufhalten, auf das Rauchen. Kippenstummel brauchen nicht nur 15 Jahre zum Verrotten (sie sollten übrigens nirgends achtlos weggeworfen werden), sondern sie können auch schnell ein Feuer verursachen.

4. Keine Graffiti

Dass Sie nichts hinterlassen sollen, gilt auch für »Kunstwerke« an den Wänden. Man sprüht einfach nicht auf fremdes Eigentum, sei es noch so schön. Lassen Sie die Wände, wie sie sind, sodass auch noch Menschen nach Ihnen den Ort so erleben können, wie er früher einmal war.

5. Seien Sie vorsichtig

Vorsicht ist besser als Nachsicht. Das gilt vor allem bei Lost Places. Marodes Holz, verrostete Geländer, einsturzgefährdete Decken, lockere Böden (teilweise befinden sich noch Kellergeschosse darunter), eingeschlagene Fenster – die Liste der Gefahren an solchen Orten ist lang. Seien Sie daher immer wachsam. Begeben Sie sich niemals in Gefahr für das eine Foto. Das ist es nicht wert. Treppen und obere Etagen sind eine gängige Gefahrenquelle. Schauen Sie sich den Zustand der Treppe und der Decke genau an. Nehmen Sie auch eine Taschenlampe für dunkle Räume und Keller mit.

Selbst wenn ein Ort auf den ersten Blick sicher scheint, sollte er nur mit Vorsicht betreten werden.

Ganz gleich, wie groß oder klein ein Lost Place ist, man sollte sich nie allein über das Gelände bewegen.

6. Gehen Sie nicht allein

Besuchen Sie einen Lost Place immer mindestens zu zweit, besser noch zu dritt. Da gilt die alte Regel: Ist eine Person verletzt, bleibt die zweite vor Ort, die dritte holt Hilfe. Zudem weiß man nie, wen man vor Ort trifft. Plünderer, Spinner und Betrunkene sind auch in Lost Places anzutreffen. Da ist es beruhigender, nicht allein unterwegs zu sein.

7. Erregen Sie kein Aufsehen

Da die Lost Places in Privatbesitz sind, gilt hier »Betreten verboten«. Auch, wenn das Tor weit aufsteht oder ein riesiges Loch im Zaun klafft. Ebenso ist es ratsam, sein Auto nicht direkt vor dem Gelände zu parken. Schauen Sie beim Betreten des Geländes auch immer, dass Sie niemand sieht. So vermeiden Sie unerwünschte Begegnungen und mögliche Konfrontationen mit der Polizei.

Ausrüstung

Wir empfehlen Folgendes:

- Festes Schuhwerk, hohe Socken (Schutz vor Zecken)
- Reißfeste Kleidung, ggf. leichte Regenjacke
- Kamera inkl. Zusatz-Akku, Speicherkarten, Stativ
- Proviant und Getränke (nehmen Sie aber alles wieder mit)
- Kopf- oder Stirnlampe für freie Hände
- Taschenlampe mit weitem Winkel für Keller und dunkle Räume
- Taschenmesser
- Aufgeladenes Handy (ggf. Powerbank)
- Notizblock und Stift
- Pflaster und Taschentücher für Verletzungen
- Mücken- und Zeckenspray

Zäune haben auch ihre Daseinsberechtigung und wollen ernst genommen werden.

In der Lausitz wird Industriegeschichte in luftigen Höhen zum Leben erweckt (Kapitel 2).

INDUSTRIE

1

VORREITER FÜR DIE MÖBELBRANCHE

VEB Beschläge Luckenwalde

Ein Besuch von Luckenwalde darf bei Lost-Places-Fans nicht fehlen. So beschaulich die Stadt ist, stehen vielerorts Wohngebäude und Fabrikanlagen leer. Einer davon ist der ehemalige VEB Beschläge, der seit der Wende leer steht. Wie steht es um das Gelände heute?

Luckenwalde, Landkreis Teltow-Fläming, Brandenburg **ORT** Beelitzer Str. 32, 14943 Luckenwalde **GPS** 52.09339, 13.17028 **ANFAHRT** Mit dem Auto über die B101 Ausfahrt Woltersdorf, dann weiter Richtung Luckenwalde, an der Beelitzer Straße neben dem Netto-Supermarkt rechts abbiegen. Mit der Bahn (RE3, RE4) nach Luckenwalde, vom Bahnhof etwa 10 Minuten Fußweg

Mitten in Luckenwalde fristet das ehemalige VEB Beschläge ein trostloses Dasein.

Das Beschläge-Werk war verteilt auf acht Standorte in Luckenwalde und Kallinchen.

LOST PLACES ALLERORTEN Die Stadt Luckenwalde südlich von Berlin ist wirklich beschaulich und lädt zum Spazieren ein. Viele alte Brandenburger Bauernhäuser stehen hier mitten in der Stadt. Dazwischen finden sich jedoch immer wieder verlassene Mehrfamilienhäuser, Gründerzeitbauten und Industrieanlagen. An dem Samstag unseres Besuches wirkte die Stadt wie ausgestorben. Es ist irgendwie traurig; als läge die ganze Stadt in einem Dornröschenschlaf.

ACHT STANDORTE IN DER STADT Der Besuch des VEB Beschläge in Luckenwalde gestaltete sich etwas schwierig, denn es gab acht Standorte in der ganzen Stadt verteilt und noch ein weiteres in Kallinchen. In den Standort an der Zinnaer Straße 28 ist mittlerweile das Jobcenter eingezogen. Nach ein bisschen recherchieren und Einheimische befragen, kommen wir jedoch endlich zu dem Gebäude, das wir suchen. An der Beelitzer Straße direkt neben einem Supermarkt stehen der hohe Turm und das schöne alte Backsteingebäude des ehemaligen VEB-Betriebs. Der Kontrast zwischen Alt und Neu könnte nicht größer sein.

TRADITIONSREICHER INDUSTRIESTANDORT Luckenwalde ist bereits seit über 100 Jahren ein historischer Ort für die Möbelzulieferbranche. Denn bereits zu Beginn des 20. Jahrhunderts siedelten sich hier mehrere Betriebe an, die Metallbeschläge produzierten. Nach dem Zweiten Weltkrieg gingen 90 Prozent der Industrieanlagen der Stadt als Reparationen an die Sowjetunion über. Zu DDR-Zeiten avancierte Luckenwalde dann erneut zu einem wichtigen Industriestandort. Zahlreiche VEB-Betriebe siedelten sich hier an, wie VEB Volltuch, VEB Baustoffwerk, VEB Hutmoden,

↑ ↗ Nach der Wende wurde der Betrieb abgewickelt und die Gebäude verfallen seither.

VEB Pappen und Papier und eben VEB Beschläge. Letzterer war damals der drittgrößte Betrieb der Stadt. Der Bedarf an Wohnraum wuchs und es wurden viele Mehrfamilienhäuser für die Arbeiter in den Betrieben errichtet.

BESCHLÄGE FÜR DIE DDR Ein Beschlag ist ein Verbindungsstück für Möbel, Truhen, Türen, Fenster und andere Bauelemente. Türangel, Schubladengriffe oder Scharniere an Möbelstücken sind bekannte Beschläge. Diese wurden in diesem Volkseigenen Betrieb (VEB) für Baubranche, Möbelproduktion und Unternehmen aus dem Maschinenbau hergestellt. Zu Hochzeiten arbeiteten hier fast 600 Mitarbeiter, verteilt auf die verschiedenen Werke. Im Betriebsteil II an der Beelitzer Straße waren es etwa 100 Kollegen. Der Zusammenhalt war groß. Ehemalige Mitarbeiter bezeichnen das Kollegium als eine große Familie. Nach Feierabend sei viel gefeiert worden, z. B. auf der betriebseigenen Kegelbahn oder beim Preisskat. Alkohol war strengstens verboten. Bei zahlreichen Anlässen wie Geburtstag, Geburt oder Hochzeit fanden die Kollegen aber Mittel und Wege, die alkoholische Schmuggelware in den Betrieb zu bringen und mit den Kollegen anzustoßen. Dazu gab es Kuchen, Bockwurst oder Pferdebuletten von »Buletten-Schulze«.

NACH DER WENDE WAR SCHLUSS Nach dem Fall der Mauer wurden die Beschläge-Werke in Luckenwalde geschlossen, der Betrieb wurde abgewickelt. Viele der Gebäude sind mittlerweile sehr stark verfallen,

Vandalen taten ihr Übriges. Das Gebäude brannte mehrfach, Dach und Schornstein sind mittlerweile vollständig eingestützt. Der Besitzer überlässt die Brache seinem Schicksal, Instandhaltungsmaßnahmen Fehlanzeige. Es gab Pläne, den Gebäudekomplex in ein altersgerechtes Wohnobjekt umzubauen. Umgesetzt wurden sie jedoch nie. So rottet das Gebäude vor sich hin. Dank einer Initiative von Einwohnern wurden vor einigen Jahren einige Gebäudeteile abgerissen, um einen kompletten Zerfall zu verhindern. So wie die Beschläge-Werke hat auch die Stadt Luckenwalde mit den Spätfolgen seit dem Fall der Mauer zu kämpfen. Deindustrialisierung, Arbeitslosigkeit und vor allem Abwanderung kennzeichnen das Städtchen. Durch den schlagartigen Übergang von Plan- zur Marktwirtschaft wurden viele Betriebe geschlossen und seither nicht mehr wiederbelebt. Von den unzähligen Industriebetrieben von damals ist heute nur noch ein Bruchteil in Betrieb. Daher wird wohl auch das ehemalige VEB Beschläge noch lange auf eine anderweitige Nutzung warten müssen.

Das besondere Erlebnis

Nehmen Sie sich bei Ihrem Besuch in Luckenwalde ruhig mehr Zeit. Neben der verlassenen Hutfabrik, die Sie ebenfalls in diesem Buch finden, gibt es in der Stadt an vielen Orten verlassene und verfallene Wohnhäuser, Fabriken und Industrieanlagen zu bestaunen. Auf der schönen Breite Straße oder entlang der Nuthe kann man zudem wunderbar flanieren. Wer noch etwas sportiver weitermachen möchte, gelangt von hier auch auf die Skate- und Fahrradstrecke Flaeming-Skate.

Man sieht das ehemalige Beschläge-Werk vor lauter Bäumen nicht mehr.

Ein ruhender Koloss, der sich früher tatsächlich durch die Landschaft bewegt hat.

2

DER LIEGENDE RIESE

Abraumförderbrücke F60

An diesem beeindruckenden Ort in der Lausitz wird Bergbaugeschichte lebendig – durch Einblicke in eine vergangene und Ausblicke in eine neu geschaffene Welt.

Lichterfeld-Schacksdorf, Landkreis Elbe-Elster, Brandenburg **ORT** Bergheider Straße 4, 03238 Lichterfeld-Schacksdorf **GPS** 51.586627, 13.777190 **ANFAHRT** Mit dem Pkw auf der A13 in Richtung Dresden bis Bronkow oder Großräschen fahren, dann weiter in Richtung Finsterwalde und kurz nach Lieskau in Richtung Lichterfeld abbiegen. Bevorzugt man den ÖPNV, nimmt man ab Berlin den RE3 Richtung Elsterwerda bis Doberlug-Kirchhain und wechselt dort in den RE10 oder RB43 Richtung Cottbus. In Finsterwalde bitte aussteigen und von dort den Bus 599 oder den Ruf-Bus bis Lichterfeld nehmen.

MÄCHTIG MONUMENTAL UND KOLOSSAL Je näher man dem Besucherbergwerk F60 kommt, desto größer wird das Staunen. Kann es wirklich sein, dass dieser Koloss sich früher bewegt hat? Jetzt sieht man nur noch Besucher, die den Industriegiganten wie Ameisen bis auf eine Höhe von 75 Metern erklimmen. Beeindruckend ist auch das allemal.
Und doch stellen sich sehr viele Fragen. Wie sah es hier vor 30 Jahren aus? Wie laut war es, wenn alle Maschinen liefen? Wie viele Menschen arbeiteten an diesem Ort? Wie war die Luftqualität? ... Viele Fragen werden im Infocenter beantwortet, das heute umfassend über die Braunkohleförderung in der Niederlausitz informiert und früher als Werkstatt, Kantine und Sanitäreinrichtung für die Arbeiter diente. Falls doch noch eine Frage offen sein sollte, kann sie mit Sicherheit einer der Bergwerksführer vor Ort beantworten, von denen einige selbst im Bergbau tätig waren.

ENERGIEGEWINNUNG MIT FOLGEN Der Abbau von Braunkohle bestimmt seit mehr als 150 Jahren das Leben in der Niederlausitz. Er brachte den Menschen vor Ort Arbeit und dem Rest des Landes Energie. Damit einher gingen tiefgreifende Einschnitte, die ihre Spuren vor allem in der Landschaft hinterlassen haben. Nicht nur Wiesen und Felder, sondern ganze Dörfer fielen dem Braunkohletagebau zum Opfer. Zurück blieben unwirkliche Szenerien mit riesigen Kraftwerksgebäuden und Schornsteinen, die man schon aus der Ferne sehen kann.

REVOLUTIONÄRE IDEE Die Urgroßmutter der F60 wurde gar nicht weit entfernt zum Leben erweckt. In der Grube »Agnes« in Plessa ließ der damalige Bergwerksdirektor Friedrich von Delius 1924 die erste Abraumförderbrücke der Welt bauen. Ein riesiger Fortschritt für den Braunkohletagebau. Etwa 30 Jahre später wurden in der ehemaligen DDR die ersten Förderbrücken hergestellt, sogenannte Einheitsförderbrücken. Das Wort Einheit ließ hier auf die einheitliche Konstruktion schließen, mit welcher man mehr als nur eine Brücke bauen und so Kosten einsparen konnte. Begonnen wurde die Serie mit der F34. Später kamen noch die F45 und F60 hinzu.

Heute kann man die F60 sozusagen »von Hacke bis Nacke« zu Fuß erkunden.

GRÖSSTE BEWEGLICHE ARBEITSMASCHINE DER WELT Die Förderbrücke ist ein Stahlkonstrukt, das über dem Tagebau liegt und im Grunde nur ein Hilfsmittel zur Braunkohlegewinnung darstellt. Sie wird zum Abtransport des Abraums, also der Erde, die über dem eigentlichen Kohleflöz liegt, genutzt. Auf ihren Förderbändern wurde der Abraum von der Gewinnungs- auf die Verkippungsseite transportiert. Stündlich konnten bis zu 29 000 Kubikmeter bzw. 50 000 Tonnen Abraum entfernt werden. Ihre maximale Abtragsmächtigkeit, also die Abtragshöhe für Hoch- und Tiefschnitt zusammengenommen, betrug 60 Meter. Daher auch die 60 im Namen. Mit ihrer Länge von 502, einer Breite von 204 und einer Höhe von fast 80 Metern ist die F60 eine der weltweit größten technischen Anlagen. Da sie damit deutlich länger als die berühmte Pariser Architekturikone hoch ist, wird der Lausitzer Riese auch gerne als »liegender Eiffelturm« bezeichnet.

RELIKT VERGANGENER ZEITEN Die Förderbrücke wurde von 1989 bis 1991 von der VEB TAKRAF (Tagebaugeräte, Krane und Förderanlagen) Lauchhammer direkt vor Ort zusammengebaut. Mit der Montage waren zeitweise bis zu 1000 Personen beschäf-

↓ ↘ »Mächtig gewaltig« ist gar kein Ausdruck für dieses technische Denkmal.

Neben diesem kolossalen Stahlkonstrukt wirkt selbst ein solides Schienenfahrzeug ganz klein.

tigt. Anschließend war sie dann tatsächlich nur von März 1991 bis Juni 1992 in Betrieb. Zu diesem Zeitpunkt wurde die Kohleförderung im Tagebau Klettwitz-Nord für beendet erklärt. Energiepolitische Gründe waren die Ursache für diese Entscheidung. Ursprünglich bedeutete das Ende des Tagebaus auch das Ende der F60. Sie sollte gesprengt und verschrottet werden. Engagierte Bürger setzten sich jedoch für ihren Erhalt ein. Ihnen ist es zu verdanken, dass dieses besondere Denkmal der Industriegeschichte seinem eigentlichen Schicksal entging. Mit einigem technischen Aufwand wurde die Förderbrücke aus dem Tagebau an ihren heutigen Standort transportiert und zu einem Besucherbergwerk umfunktioniert. Seit 2002 können Besucher dieses außergewöhnliche Bauwerk und die umgebende Landschaft nun auf einem rund 1,4 Kilometer langen Rundweg bewundern. Auf der Plattform mit eigens installiertem Rundumsichthaus kann man seinen Blick bei klarer Sicht bis in die Sächsische Schweiz schweifen lassen.

Das besondere Erlebnis

Neben den normalen Führungen können Besucher auch an Nachtlicht- oder thematischen Sonderführungen teilnehmen. Ein Dinner in luftiger Höhe ist ebenfalls möglich. Sollte etwas mehr Adrenalin vonnöten sein, empfiehlt sich das selbstständige Abseilen aus 60 Metern Höhe. Falls der Geschichtshunger noch nicht gestillt sein sollte, können die Biotürme in Lauchhammer Abhilfe schaffen. Die in Klettwitz-Nord abgebaute Kohle wurde in der Kokerei Lauchhammer zu Hochtemperatur-Koks verwertet. Ein beispielloses Verfahren, von dem die Biotürme noch heute zeugen.

3

FLUGZEUGE UND ZWANGSARBEITER

Heinkel-Werk Oranienburg

Die Heinkel-Werke waren im Zweiten Weltkrieg ein wichtiger Rüstungsbetrieb in Oranienburg. Hier wurden Kampfflugzeuge für die Luftwaffe gefertigt. Nach dem Krieg wurde das Werk abgerissen. Werkflugplatz, Halle und Nebengebäude blieben erhalten und fristen seither ein trostloses Dasein.

Oranienburg, Landkreis Oberhavel, Brandenburg **ORT** Flugpionierstraße, 16515 Oranienburg **GPS** 52.72963, 13.22116 **ANFAHRT** Mit dem Auto über die A10 Abzweig Kreuz Oranienburg und weiter auf der E251. An der Birkenallee rechts abbiegen und am Kreisverkehr die zweite Ausfahrt auf die Flugpionierstraße nehmen. Mit dem ÖPNV bis zum Bahnhof Oranienburg, dann weiter mit dem Bus 804 nach Oranienburg/Flotowstraße und den Rest zu Fuß. Am schönsten jedoch mit dem Fahrrad entlang des Oranienburger Kanals

Die Einfliegehalle war einst das Herzstück der Heinkel-Flugzeugwerke in Oranienburg.

Sprayer haben sich an den verbliebenen Gebäuden mit Graffiti verewigt.

GEHEIME AUFRÜSTUNG Die Ernst Heinkel Flugzeugwerke GmbH galt zu Beginn des 20. Jahrhunderts als eines der größten Flugzeugbauunternehmen in Deutschland. Das Unternehmen hielt über 1300 Patente im Bereich Flugwesen und über 500 Schutzrechte im Triebwerksbereich. Bereits damals wurden Lizenzen und Maschinen in die ganze Welt verkauft, darunter Dänemark, die Sowjetunion, Ungarn und sogar Asien. Die Firma baute Flugzeuge für die Zivil- und später vor allem für die Militärluftfahrt. Der Hauptstandort war Rostock. Nach der Machtübernahme der Nationalsozialisten sollte rasch wieder mit dem Aufbau einer Luftwaffe begonnen werden, was eigentlich laut Versailler Vertrag verboten war. Die Kapazitäten der Fabrik in Rostock reichten jedoch nicht mehr aus. Das Reichsluftfahrtministerium suchte in Berlin nach geeigneten Standorten für die Produktion eines Kampfgeschwaders und wurde in Oranienburg, Reinickendorf und Germendorf fündig.

BEGINN DER PRODUKTION Am 1. Mai 1935 wurde die Heinkel Werke GmbH offiziell gegründet. Das Reichsluftfahrtministerium hielt 97 Prozent der Unternehmensanteile, der Rest entfiel auf Ernst Heinkel. Es war quasi ein Staatsbetrieb, Ernst Heinkel erhielt aber weitreichende Führungsverantwortung. Ab 1939 übernahm er die Anteile des Ministeriums für knapp 18 Millionen Reichsmark. Die Bauarbeiten in Oranienburg, bei denen zahlreiche Häftlinge und Zwangsarbeiter aus dem KZ Sachsenhausen eingesetzt wurden, begannen bereits 1936. Nach einer Rekordbauzeit von knapp einem Jahr fand im Mai 1937 die feierliche Eröffnung statt und die Produktion wurde aufgenommen. Es gab das Werk I in Germendorf und das Werk II in Oranienburg. Das Gelände umfasste u. a. einen Werksflugplatz, mehrere Hallen (Lager, Flugzeugteilebau, Montage), kleinere Werkstätten, ein Verwaltungsgebäude mit Kantine sowie Sporthalle und Schwimmbad.

EINSATZ VON KZ-HÄFTLINGEN Für die Produktion waren viele Facharbeiter nötig, die aber in der Region nur schwer zu finden waren. Daher wurden im gesamten Deutschen Reich Arbeiter angeworben, und es kamen schließlich viele Menschen aus dem Rheinland, Hamburg, Sachsen, dem Saarland und sogar Schlesien und Österreich. Ende 1939 wurden erstmals Kriegsgefangene als Arbeiter im Werk eingesetzt, für die in der Nähe zunächst eigene provisorische Lager errichtet wurden. Ab 1942 wurden dann auch Häftlinge aus dem KZ Sachsenhausen zur Zwangsarbeit in die Heinkel-Werke geschickt. Ein Jahr später entstand auf dem Werksgelände ein eigenes Außenlager des Konzentrationslagers. Zu Hochzeiten waren hier bis zu 14 000 deutsche Arbeiter, Häftlinge, Kriegsgefangene und Zwangsarbeiter im Einsatz. Zur damaligen Zeit galt es als das modernste Flugzeugwerk und prägte die Wirtschaft der Region.

In den Büros von einst werden heute keine Flugzeuge mehr entworfen.

NUTZUNG NACH DEM KRIEG Nach dem Ende des Zweiten Weltkriegs wurde auf Befehl der sowjetischen Militäradministration das Werk vollständig demontiert. Lediglich Einfliegehalle, wenige Nebengebäude und Werkflugplatz blieben bis heute erhalten. Zusammen mit einigen Gebäuden der Werksiedlung »Weiße Stadt« (siehe »Das besondere Erlebnis«) wurde das Areal als Kaserne der Roten Armee genutzt. Nach Abzug dieser dienten Teile des Werkes als Gewerbegebiet und Standort für Solarpaneele. Die Einfliegehalle steht unter Denkmalschutz und steht unweit des Oranienburger Kanals allein auf weiter Flur.

Das besondere Erlebnis

Wer mehr von den Heinkel-Werken sehen möchte, kann weitere Standorte in und um Oranienburg besichtigen. Für die deutschen Arbeiter wurde z. B. ganz in der Nähe an der heutigen Walther-Bothe-Straße die Werksiedlung »Weiße Stadt« errichtet, mit 662 Wohnungen in 18 Mehrfamilienhäusern. Nach Abzug der Roten Armee wurden die Häuser saniert und neu vermietet. Zudem kann man den Ort Leegebruch besuchen, der eigens für die Arbeiter des Flugzeugwerks errichtet wurde. Nach der Wende wurden hier weitere Häuser errichtet. Vom Zwangsarbeiterlager ist heute nichts mehr zu sehen. An der Veltener Straße/Annahofer Straße befindet sich eine Gedenkstätte für das KZ-Außenlager.

Auf dem gesamten Gelände befinden sich viele dieser Schallschutzwände.

Die Einrichtung des Kraftwerks Plessa ist fast komplett im Originalzustand erhalten geblieben.

4

ENERGIEGELADENER GIGANT DER INDUSTRIEKULTUR

Kraftwerk Plessa

Tief im Süden Brandenburgs wartet ein Bauwerk von überragender geschichtlicher Bedeutung darauf, auf eigene Faust erkundet zu werden.

Plessa, Landkreis Elbe-Elster, Brandenburg **ORT** Nordstraße 4, 04928 Plessa **GPS** 51.471492, 13.612028 **ANFAHRT** Mit dem Pkw über die A13 bis zur Ausfahrt Ruhland. Von dort die B169 in Richtung Lauchhammer/Elsterwerda fahren, beim Kulturhaus Plessa dann rechts zum Kraftwerk abbiegen. Mit dem ÖPNV gilt es, die perfekte Verbindung zu finden. Eine Möglichkeit ist der RE3 bis Falkenberg/Elster und von dort die S4 Richtung Hoyerswerda bis Plessa. Vor Ort ist es dann nur noch ein fünfminütiger Fußweg.

WEITHIN SICHTBAR Unvorstellbar, welche Glücksgefühle zwei in den Himmel ragende Schornsteine auslösen können. Hat man vorab Bilder dieses Lost Place gesehen, kann man es kaum erwarten, ihn selbst zu besuchen. Und die zwei jeweils über 100 Meter hohen, klinkerroten Türme sind ein gutes Zeichen dafür, dass man das Ziel bald erreicht hat.
Aber was heutzutage begeistert, verunstaltete im letzten Jahrhundert die Landschaft. Unzählige dieser Gebäudekomplexe prägten das Bild der Region. Sie dienten der Verarbeitung von Braunkohle, die hier allerorten abgebaut wurde. Die Gegend muss in Rauch untergegangen und nicht sehr ansehnlich gewesen ein. Ganz zu schweigen von den gesundheitlichen Folgen für die Bevölkerung. An Umweltschutz war damals noch nicht zu denken.

STROM FÜR ALLE Nach dem Ersten Weltkrieg nahm die Industrialisierung in der Lausitz deutlich an Fahrt auf. Damit wuchs auch die Nachfrage nach elektrischem Strom. In den Städten gab es bereits eigene Stadtwerke, auf dem Land hingegen genoss man den Abend meist noch im Schein einer Petroleumlampe. Der 1910 gegründete Elektrizitätsverband Gröba machte es sich zur Aufgabe, die Elektrifizierung im Umland voranzutreiben. In den ersten Jahren bezog das Unternehmen den Strom größtenteils als Fremdleistung. Da die Lieferung nicht besonders zuverlässig war und den Bedarf in Spitzenzeiten nicht mehr ausreichend decken konnte, wurde der Bau eines eigenen Kraftwerks immer dringlicher. Plessa stellte sich als idealer Standort für ein solches Vorhaben heraus. Nicht nur die Braunkohlegrube Agnes mit der ersten Abraumförderbrücke der Welt und eine eigene Brikettfabrik befanden sich in unmittelbarer Umgebung, sondern auch verschiedene Bahnanschlüsse.

STARKE LEISTUNG Mit dem Bau wurden die Siemens-Schuckert-Werke Berlin im Jahr 1926 beauftragt. Bereits ein Jahr später, genauer gesagt im April 1927, ging das Kraftwerk Plessa mit einer Leistung von 8 Megawatt ans Netz. Es gehörte zu den modernsten seiner Zeit. Zu seinen Hochzeiten lieferte es 54 Megawatt Strom, diese Leistung sank im Anschluss an den Zweiten Weltkrieg aufgrund von Reparationszahlungen jedoch auf 34 Megawatt.
Der Gebäudekomplex war so konzipiert, dass er über die Jahre problemlos erweitert werden und somit immer mehr Strom liefern konnte. Trotz der zahlreichen Ausbauphasen wurde das Werk jedoch nie umfassend modernisiert, sodass noch heute ein Großteil der

Man könnte beinahe glauben, dass hier nach wie vor Strom produziert wird.

ursprünglichen Technik erhalten ist. Besucher können dadurch an Originalschauplätzen erleben, wie aus Braunkohle zu guter Letzt Strom wird. Das ist in Europa einmalig.

AUF DEN SPUREN DER STROMERZEUGUNG Auf einem geführten Rundgang erfährt man, welchen Weg die Kohle damals innerhalb des Kraftwerks nahm. Sechsmal täglich brachte ein Zug Rohkohle in den Außenbunker, das waren fast 2000 Tonnen. Von hier fiel die Kohle in die Bunkertaschen. Über ein Förderband gelangte sie in den Brecher, wo sie gemahlen wurde. Die idealerweise 4 Zentimeter großen Kohlestücke wurden dann dosiert über eine Art Schaufelförderband in den Hochbunker transportiert und später in einem der fünf Kessel des Kesselhauses verbrannt. Die beim Verbrennen austretende Wärme wurde von einem Wasserrohrkessel aufgenommen und verwandelte das dort eingeführte Wasser in Wasserdampf. Dieser 375 Grad heiße Dampf strömte in die Turbinen im Maschinenhaus, wo er den Turbinenläufer bis auf 3000 Umdrehungen pro Minute beschleunigte. Dadurch wiederum wurde der Generator angetrieben, mit dem der Strom erzeugt wurde. Über den Transformatorenbereich gelangte der Strom schließlich ins Netz.

BESITZERWECHSEL UND NEUANFANG Die Gesamtanlage wurde bereits 1985 unter Denkmalschutz gestellt. Als die Mauer fiel, war sie Teil des Gaskombinats Schwarze Pumpe. Nach dessen Abwicklung durch die Treuhandanstalt ging das Kraftwerk in den

↓ ↘ Auch wenn die Technik veraltet ist, beeindruckt sie noch immer.

Besitz der Gemeinde Plessa über. Man wollte zusammen mit der Hanseatischen Aktiengesellschaft weiterhin Strom produzieren. Da für die nun präferierte Nutzung von Erdgas jedoch hohe Investitionen und umfangreiche Umbauarbeiten erforderlich gewesen wären, scheiterte das Projekt bereits im Anfangsstadium. Das Kraftwerk wurde am 14. April 1992 vom Netz genommen.
Glücklicherweise hatte das Areal in den Folgejahren viele engagierte Fürsprecher und konnte so dem Abriss entgehen. Seit dem 1. Januar 1996 ist die Gemeinde alleinige Eigentümerin des Geländes. 1998 wurde es in die Projektliste der Internationalen Bauausstellung Fürst-Pückler-Land aufgenommen. So konnte es diversen Sanierungsarbeiten unterzogen und allmählich zum Erlebniskraftwerk ausgebaut werden. Derzeit kann das imposante Industriedenkmal aus baulichen Gründen jedoch nicht besichtigt werden.

Das besondere Erlebnis

Quasi um die Ecke liegt ein weiteres außergewöhnliches Denkmal – der Bertzit-Turm. Es handelt sich um eine Investitionsruine des frühen 20. Jahrhunderts. Hier sollte ursprünglich das Bertzit-Verfahren zum Einsatz kommen, mit dem minderwertige Brennstoffe mittels einer besonderen Trocknung aufgewertet werden und zu einem höheren Heizwert gelangen sollten. Warum der Bau nie vollendet wurde, ist unklar. Vermutungen legen nahe, dass das Verfahren technologisch nicht ausgereift genug war.

Ob dieser Gang wohl auch ein Ende hat?

5

ARCHITEKTONISCHES HIGHLIGHT

Lokschuppen in Heinersdorf

Der runde Lokschuppen in Heinersdorf ist wahrlich ein Relikt alter Tage. Bis zu 24 Loks passten damals dort hinein. Es gab viele Jahre Streit um die Zukunft des Gebäudes, doch es zeichnet sich eine Lösung ab. Wie geht es nun weiter mit dem Lokschuppen?

Pankow-Heinersdorf, Berlin **ORT** Am Feuchten Winkel, 13089 Berlin **GPS** 52.57784, 13.43024 **ANFAHRT** Mit dem Auto über die Blankenburger und weiter auf der Heinersdorfer Str.; hier das Auto am besten abstellen und durch die Anlage der Garten- und Siedlerfreunde Anlage Blankenburg e. V. laufen. Mit der S-Bahn bis Pankow-Heinersdorf. Von der Heinersdorfer Brücke hat man einen guten Ausblick.

Das charakteristische Kuppeldach war im 19. Jahrhundert State-of-the-art für Lokschuppen.

Große Teile des Kuppeldachs sind heute eingestürzt und zerfallen.

BESONDERE ARCHITEKTUR Wer schon mal mit dem Auto auf der A114 Richtung Norden gefahren ist, hat ihn mit Sicherheit schon gesehen: den Lokschuppen am Bahnhof Pankow-Heinersdorf. Er wurde 1893 als Rundhaus mit einem Kuppeldach errichtet und war Teil des ehemaligen Rangierbahnhofs Pankow-Heinersdorf. Dies entsprach der typischen Bauweise von Lokschuppen im 19. Jahrhundert. Damit war das Depot in Heinersdorf aber auch zeitgleich der letzte in dieser Bauweise errichtete Lokschuppen in Deutschland. Lokschuppen dienten, wie der Name impliziert, der Unterbringung von Loks. In Heinersdorf konnten bis zu 24 Lokomotiven untergestellt werden. In der Mitte befindet sich die Drehscheibe, an die sich sternförmig die jeweiligen Abstellgleise angliedern. Besonders auffällig ist das runde Kuppeldach, die typische Bauweise von Lokschuppen im 19. Jahrhundert, mit einer Spannweite von 40 Metern. Dadurch waren die Loks und vor allem die Drehscheibe gut vor Witterungen geschützt. Im Schuppen wurden auch Instandhaltungs- und Wartungsarbeiten an den Loks durchgeführt, daher waren unter den Abstellgleisen häufig Gruben für die Mitarbeiter.

NICHT ZUKUNFTSFÄHIG Da die Lokomotiven mit der Zeit länger wurden, wurden Rundhäuser wie in Heinersdorf immer seltener gebaut. Eine Verlängerung der Drehscheiben und Gleise war mit dieser Bauweise nur schwer möglich. Lediglich für kleinere Loks blieben die Rundhäuser erhalten. Zu DDR-Zeiten wurde das Depot von der Reichsbahn genutzt und ging dann nach dem Mauerfall an die Deutsche Bundesbahn über. Kurz vor der Schließung diente das Ge-

Vom Bahnhof Pankow-Heinersdorf hat man einen guten Blick auf den Lokschuppen.

bäude noch als Partylocation für die Fantastischen Vier, die hier 1998 ein Konzert im Rahmen eines Wettbewerbs der Deutschen Bahn gaben. Ende der 1990er war dann endgültig Schluss. Der Zeuge einer Industrie von damals verfällt seither zusehends. Trotz Zaun und Sicherungsanlagen ist das Gebäude von Vandalismus gezeichnet. In dem schwarzen Dach gibt es zahlreiche Löcher, die Fenster sind eingeschlagen. Es sieht aus, als könnte es bald einstürzen. Das Gebäude steht heute unter Denkmalschutz.

NEUE PLÄNE Lange Zeit war die Deutsche Bahn Eigentümer des Geländes. Diese stellte zunächst einen Abrissantrag, verkaufte das Gebäude 2013 dann aber doch an die Krieger Grundstück GmbH, ein Tochterunternehmen des Möbel-Unternehmens Krieger. Das Unternehmen hatte recht ungewöhnliche Pläne, den Schuppen ab- und an anderer Stelle wieder aufzubauen. Denkmalschützer vom Bezirk und Land Berlin waren zum Glück dagegen. Mittlerweile gibt es neue Pläne. Am neu benannten Pankower Tor sollen in den nächsten Jahren 2000 Wohnungen entstehen, ein Anteil von 30 Prozent entfallen auf Sozialwohnungen. Darüber hinaus plant der Bezirk hier auch Kita, Grund- und weiterführende Schule. Es ist jedoch noch nicht ganz klar, was mit dem unter Denkmalschutz stehenden Lokschuppen geschehen soll. Krieger hat dafür wohl keine Verwendung. Erst per Gerichtsentschluss konnte erwirkt werden, dass das Unternehmen zumindest Sicherungsmaßnahmen an dem Gebäude vornimmt. Die Gerüste an der Südseite des Gebäudes sind gut von der Fußgängerbrücke zu sehen. Ende 2024 entschied das Verwaltungsgericht Berlin für den Erhalt des Lokschuppens. Krieger darf nicht abreißen. Derweil verfällt das Gebäude weiter. Wetter und Vandalismus tragen ihr Übriges dazu bei.

Das besondere Erlebnis

Berlin ist Heimat der letzten zwei erhaltenen Rundlokschuppen Deutschlands. Neben Heinersdorf steht ein weiterer in Rummelsburg. Gut zu sehen ist dieser von der Zobtener Straße aus. Auch dieses Gebäude steht seit vielen Jahren leer. Nutzungspläne gibt es nicht. Bisherige Interessenten konnten kein realistisches Konzept entwickeln, welches auch wirtschaftlich tragbar ist. Dies hat insbesondere mit der Lage inmitten der Gleisanlagen zu tun. Ein direkter Zugang ist somit unmöglich. Lediglich teure Lösungen mit Tunnel oder Brücken kämen hier infrage. Auch dieser architektonisch einzigartige Lokschuppen verfällt somit weiterhin.

Schon von außen wirken die Feintuchwerke wie eine Stadt in der Stadt.

6

DEN FADEN VERLOREN

Feintuchwerke C.H. Pürschel in Forst

Die Feintuchwerke in Forst sind ein Monument deutscher Textilgeschichte. Einst ratterten hier die Webstühle, Spinnmaschinen und Pressen, die Forst den Beinamen »Deutsches Manchester« einbrachten. Heute steht nur noch das Betonskelett als Mahnmal.

Forst, Landkreises Spree-Neiße; Brandenburg **ORT** Planckstraße 6-8, 03149 Forst (Lausitz) **GPS** 51.739934, 14.646569 **ZUGANG** Das Gelände ist eingezäunt, eine Außenbesichtigung ist problemlos möglich. Auf Anfrage sind Führungen möglich. **ANFAHRT** RE2 bis Cottbus, weiter mit dem RB46 oder RB93 nach Forst. Dann 10 Minuten Fußweg.

RELIKTE DER VERGANGENHEIT Wenn man heute durch das kleine Städtchen Forst fährt, ahnt man kaum, welche Bedeutung diese Stadt einmal hatte. Zwischen den ruhigen Straßen und der Oder-Neiße-Landschaft liegen Relikte einer Vergangenheit, die das Leben der Menschen hier über Generationen beeinflusste: die Textilindustrie. Mitten in diesem stillen Erbe liegen die Feintuchwerke «C. H. Pürschel», ein Areal aus roten Backsteinen, gesprungenen Fenstern und riesigen Hallen. Schon von außen wirkt der Komplex wie eine kleine Stadt in der Stadt. Hohe Schornsteine, schmale Gänge zwischen den Gebäuden, endlose Fensterfronten, eine Villa. Die Backsteine sind dunkel geworden, Fenster eingeschlagen, und auf den Dächern wachsen Bäume und Sträucher. Die einstige Betriebsamkeit ist weg, aber der Charme ist weiterhin spürbar.

EINSTIGE TEXTILMETROPOLE Die Feintuchwerke in Forst haben eine lange, traditionsreiche Geschichte. Ursprünglich war der Standort Teil der Forster Tuchmanufakturen, die bereits im 19. Jahrhundert eine enorme wirtschaftliche Kraft darstellten. Forst galt einst als Textilmetropole, in der mehr als 200 Fabriken Stoffe webten, färbten, prüften und veredelten. Anfang der 1920er-Jahre trug wohl jede fünfte Person in Deutschland etwas aus Forster Tuch. Das brachte Forst den Beinamen „Deutsches Manchester", da die englische Stadt eine vergleichbar wichtige Textilindustrie besaß.

VOM HANDWERK ZUM GROSSBETRIEB Der Name «C. H. Pürschel» steht dabei nicht nur für eine Firma, sondern für ein Stück dieser Identität: ein Familienunternehmen, das sich im frühen 20. Jahrhundert vom Handwerk zum industriellen Großbetrieb entwickelte. Die Fabrik wurde 1978 von Hugo Pürschel gegründet und produzierte hochwertige Woll- und Feintuche, die im In- und Ausland verkauft wurden und die Basis waren für Uniformen, Mäntel, Anzüge und Arbeitskleidung. Nach dem Ersten Weltkrieg kam die Fabrik jedoch an ihre Kapazitätsgrenzen und der Sohn Carl Heinrich Pürschel beschloss die Produktionsstätte zu erweitern. Er kaufte das heutige Grundstück am Mühlgraben, der wichtigen Lebensader für die Forster Textilindustrie, und ließ 1924 einen neuen Fabrikkomplex errichten, der in den Folgejahren noch erweitert wurde. Darüber hinaus verfügte das Gelände, wie alle Textilfabriken in Forst, über einen eigenen Anschluss zur Forster Stadtbahn, dessen Gleise bis heute noch im Stadtbild zu sehen sind.

STAATLICH GESTEUERTE TEXTILWIRTSCHAFT Der Zweite Weltkrieg hinterließ deutliche Spuren in der Forster Textilwirtschaft. Die Stadt stand unter schwerem Beschuss, die Betriebe mussten die Arbeit ein-

Am Eingang zum Gelände befindet sich die ehemalige Villa der Familie Pürschel.

stellen. Die gesamte Stadt wurde zu etwa 85 Prozent zerstört, so auch zahlreiche Gebäude der Textilfabriken. Wie durch ein Wunder überstand Pürschels Tuchfabrik fast als einzige die Kriegswirren nahezu unbeschadet. Alle verbliebenen Textilfabriken, auch die von Pürschel, wurden nach 1945 enteignet und in den VEB Tuchfabriken Forst integriert. Nun war sie kein Familienbetrieb mehr, sondern eine Produktionsstätte, die in die staatlich gesteuerte Textilwirtschaft der DDR eingebettet war. Bis in die 1970er Jahren arbeiteten im Gesamtverbund mehrere Tausend Menschen und machten Forst auch in der DDR zu einem wichtigen Textilstandort. Die Produktion diente auch zur Beschaffung von wichtigen Devisen. Produziert wurde daher sogar für C&A in der BRD. Überall liefen Maschinen, Dampf stieg auf, Farben wurden gemischt, riesige Stoffbahnen zogen sich durch Walzen und Pressen. In manchen Abschnitten herrschte fast tropische Wärme, in anderen vibrierte der Boden durch den Schlag der Webstühle. Wenn man heute über das Areal läuft, kann man sich diese Geräuschkulisse kaum vorstellen. Licht fällt durch gebrochene Glasbausteine und zeichnet Muster auf den Boden, als hätte jemand unmerklich einen Webprozess in die Architektur selbst eingesponnen.

STILLSTAND NACH DER WENDE Nach der Wiedervereinigung war die Textilbranche in Forst nicht mehr konkurrenzfähig. Der Versuch der Privatisierung des Betriebs als Forster Webwaren GmbH scheiterte. Die Betriebe mussten schließen, und auch die Pürschel-Werke konnten nicht gerettet werden. Die Maschinen wurden abgebaut und die Hallen leergeräumt. Stück für Stück fiel das Areal in einen Dornröschenschlaf, in dem es bis heute liegt. Was diesen Ort so besonders macht, ist nicht nur der Verfall – es

Wie bei so vielen Lost Places hat sich die Natur das Gelände zurückerorbert.

↑ In den riesigen Hallen ratterten einst die Webstühle, heute herrscht Stille.
↗ Berge von Garnresten wirken wie eine Kunstinstallation.

ist die Atmosphäre eines verschwundenen Alltags. Während manche Lost Places spektakulär wirken, erzählen die Feintuchwerke eine viel leisere Geschichte. Die Räume wirken nicht wie Kulissen, sondern wie Arbeitsplätze, die einmal voller Leben gewesen sind. Man sieht, wo Stoffballen lagerten. Man erkennt, wo Maschinen aufgereiht standen. Man kann sich vorstellen, wie es war, morgens durch die Werkstore zu gehen.

DER ZUKUNFT ZUGEWANDT Die Architektur ist typisch für die Lausitzer Industriebauten des frühen 20. Jahrhunderts: viel Backstein, viel Fensterfläche, Stahlträgerkonstruktionen, Innenhöfe für Transport und Logistik. Wenn man alles einmal durchquert hat, bleibt ein Gefühl zurück, das schwer zu beschreiben ist: eine Mischung aus Melancholie, Respekt und auch ein bisschen Ehrfurcht. Die Feintuchwerke erzählen davon, wie eine Stadt zur Industriemetropole wurde und wie sie diesen Status wieder verlor. Im Jahr 2014 gründeten zwei Leipziger Unternehmer die Likör- und Spirituosenfabrik Forst und wählten das Gelände der Pürschel-Tuchfabrik als Produktionsstätte aus. 2019 wurde das Unternehmen dann jedoch liquidiert. Vor einigen Jahren kaufte die Forsterin Anett Dörl das Gelände. Sie will kleinen Gewerbetreibenden und Start-Ups Räumlichkeiten anbieten und vielleicht auch geräumige Lofts vermieten. Bis das aber umgesetzt ist, wird es noch einige Jahre dauern, da Dörl das nötige Geld dafür nur aus Einnahmen von Vermietungen, Filmdrehs und Veranstaltungen nehmen kann.

Das besondere Erlebnis

Auf Anfrage sind Führungen z.B. beim Verein go2know oder Kulturwege Forst Lausitz möglich.

Mitten im beschaulichen Karlshorst steht dieser Betonklotz. Der einstige Bunker steht seit Jahren leer (Kapitel 9).

ZWEITER WELTKRIEG

7

ZWANGSARBEIT FÜR DEN KRIEG

Außenlager des KZ Sachsenhausen

Von 1943 bis 1945 befand sich in Falkensee ein Außenlager des Konzentrationslagers Sachsenhausen. Die Inhaftierten stammten aus zahlreichen europäischen Ländern und mussten meist in der Rüstungsindustrie Zwangsarbeit leisten. Welche Gräueltaten wurden hier verübt?

Falkensee, Landkreis Havelland, Brandenburg **ORT** Spandauer Str./Hamburger Str., 14612 Falkensee **GPS** 52.5561548, 13.1373137 **ANFAHRT** Mit dem Auto über die Falkenseer Chaussee und weiter auf der Spandauer Str., an der Hamburger Straße links abbiegen. Mit dem Bus 237 ab Bahnhof Spandau bis Möthlower Straße und dann weiter zu Fuß

In dem Geschichtspark Falkensee steht heute noch eine der ehemals neun Baracken.

Von den übrigen Baracken sind nur noch die Fundamente zu sehen.

AUSSENLAGER IN FALKENSEE Die meisten kennen das Konzentrationslager Sachsenhausen. Den wenigsten sind jedoch die bis zu 100 Außenlager desselben bekannt. Die hier internierten Häftlinge mussten meistens Zwangsarbeit in nahegelegenen Betrieben leisten. Unmittelbar nach dem Bau des KZ Sachsenhausen wurden Häftlinge zur Zwangsarbeit in teils weiter entfernten Betrieben eingesetzt. Die Häftlingskommandos marschierten so täglich vom Hauptlager zur Arbeit und kehrten häufig erst spät abends zurück. Ab 1938 entstanden daher die ersten Außenlager mit Unterkunftsbaracken in unmittelbarer Nähe zu den Betrieben, so z. B. in Bad Saarow, Kleinmachnow oder Werder (Havel).

BAU DES LAGERS Das Lager Falkensee war eines der größten Außenlager des KZ Sachsenhausen. Von Januar bis Oktober 1943 mussten KZ-Häftlinge das Gelände freiräumen und die Baracken errichten. Am 10. Oktober 1943 zogen die ersten Häftlinge ein. Es gibt Berichte, dass die SS-Schergen die Häftlinge zur Musik von Lili Marleen zusammentrieben und auf Lastwagen nach Falkensee brachten. Bis zu 2500 Männer aus fast allen Ländern Europas waren hier interniert. Franzosen, Norweger, Polen und Russen wurden in neun Baracken untergebracht. Das Gelände war von elektrischen Zäunen umgeben und wurden durch SS-Wachposten kontrolliert. Neben den Unterkunftsbaracken gab es auch Küche, Kleiderkammer, Schreibstube und Krankenbaracke.

VERNICHTUNG DURCH ARBEIT Der Krieg schritt immer weiter fort und der Bedarf an Waffen, Munition, Panzern und weiterem Kriegsgerät wurde immer größer. Da die benötigten Facharbeiter in der deutschen

Trotz der Verwilderung erhält man einen Eindruck von der Größe des Geländes.

Bevölkerung kaum mehr zu finden waren, wurden Häftlinge aus den Konzentrationslagern eingesetzt. Auch in Falkensee mussten die Häftlinge unter unwürdigen Bedingungen Zwangsarbeit in dem unweiten Rüstungsbetrieb DEMAG leisten. Sie mussten jene Panzer bauen, die in der fernen Heimat für Zerstörung und Leid verantwortlich waren. Der Alltag war gezeichnet von schikanierenden Zählappellen, Unterernährung, Misshandlungen und körperlich harten Arbeitstagen von bis zu 14 Stunden. Viele überlebten diese Zeit der Inhaftierung nicht. Ab 1944 wurden Teile der Waffenproduktion vom Werk ausgegliedert und direkt ins Häftlingslager verlegt. Vier Baracken dienten fortan als Werkstätten und waren innerhalb des Lagers mit einem Zaun umgeben.

NACH DEM KRIEG Im April 1945 rückte die Rote Armee immer näher. Die SS ordnete an, das Lager zu evakuieren. Dies scheiterte und die SS-Wachen flohen. Nach dem Eintreffen der Roten Armee konnten die Häftlinge am 26. April 1945 diesen Ort des Schreckens endlich verlassen. Anschließend wurden die Baracken noch als Unterkünfte für Displaced Persons, Flüchtlinge und Soldaten aus der Kriegsgefangenschaft genutzt. Ab 1948 wurde das Lager endgültig aufgelöst und die Gebäude abgerissen. Lediglich eine Baracke blieb erhalten, da sie als Lager für Material und Technik weiter genutzt wurde.

UMWANDLUNG IN EINEN GEDENKORT

Im Jahr 1965, 20 Jahre nach der Befreiung der Lagerinsassen, kamen ehemalige französische Häftlinge zurück an den Ort des Schreckens. Sie stifteten eine Gedenktafel. Zwei Jahre später weihten sie zusammen mit der Bevölkerung von Falkensee die bis heute bestehende Gedenkstätte mit Mahnmal ein. Bis zum Jahr 1989 fanden hier alljährlich Kranzniederlegungen und Gedenkfeiern zum Jahrestag der Befreiung des Lagers statt. Anfang der 1990er-Jahre wurde das Mahnmal durch unbekannte Täter geschändet. 1993 wurden bauliche Reste und Spuren des KZ-Außenlagers freigelegt. Es entstand ein Geschichtspark mit einem weitläufigen Wegenetz, der am 25. April 1995 eingeweiht wurde. Eine Baracke ist bis heute erhalten geblieben, von den anderen sind teilweise noch die Fundamente zu sehen. So vermittelt der Geschichtspark einen Eindruck des KZ-Außenlagers Falkensee. Der Park ist kostenfrei zu besichtigen.

Das besondere Erlebnis

Vom Bahnhof Spandau aus kann man über den Spekte-Grünzug fast bis zum Lager laufen oder fahren. Dieser Weg führt ausschließlich durch begrünte Wohngebiete und Naturflächen und folgt dem Bach Spekte. Es ist hier wunderbar grün. Radfahrer können von hier auch auf dem Berliner Mauerweg weiterradeln.

1965 kamen ehemalige Häftlinge hierher und stifteten eine Gedenktafel.

In die Baracke kann man heute zumindest reinschauen. Betreten ist jedoch verboten.

Hier kann man sehr gut sehen, woraus Bunker üblicherweise bestehen – Stahl und Beton.

8

U-BOOT-KRIEG MITTEN IM WALD

Lager Koralle

Nordöstlich der Berliner Stadtgrenze, unweit der Stadt Bernau, finden sich die Überreste des einstigen Führungszentrums des Oberkommandos der Marine (OKM) und erzählen ihre eigene Geschichte.

Wandlitz, Landkreis Barnim, Brandenburg **ORT** Bernauer Straße oder Wiesenweg, 16359 Wandlitz **GPS** 52.738820, 13.574131 **ANFAHRT** Am besten mit dem Pkw bis nach Bernau, dann weiter in nördlicher Richtung auf der Alten Lanker und der Bernauer Straße. Entweder parken Sie an der Bernauer Straße und spazieren von dort gen Osten zum Lager Koralle durch den Wald oder Sie nutzen den Wiesenweg zum Spörgelhof und nehmen von dort dann den Waldweg gen Süden. Mit öffentlichen Verkehrsmitteln empfiehlt sich die Busfahrt bis ins Dorf Lobetal und von dort ein Spaziergang in Richtung Norden.

GESPRENGT, ABER NICHT VERGESSEN

Es fällt recht schwer, sich das ursprüngliche Aussehen der Anlage vorzustellen, wenn man heute davorsteht. Beeindruckend ist das Gelände aber nach wie vor. Mächtige Gesteinsbrocken, die ineinander verkeilt zwischen und unter Bäumen liegen. Meterdicke, teils bewachsene Gebäudereste und zahlreiche bemooste Betonplatten. Die Natur gibt ihr Bestes, um den Ort vergessen zu machen. Aufmerksame Wochenendwanderer, neugierige Großstadtabenteurer und eifrige Freikletterprofis werden genau davon jedoch magisch angezogen und überlassen das Areal somit nicht sich selbst.

GESCHÜTZTER ORT ABSEITS DES ZENTRUMS Auf dem ehemals zu den Hoffnungstaler Anstalten – einer christlichen Pflegeeinrichtung im Niederbarnim – gehörenden Grundstück sollte anfänglich eine Nachrichtenschule für die Marine errichtet werden. Das Hauptverstärkeramt in Biesenthal mit seinen Kabelverbindungen in alle Himmelsrichtungen war wohl der Hauptgrund für die Wahl dieses Ortes. Nach dem Erwerb des etwa 50 Hektar großen Territoriums begann man 1939 die auch schon damals stark bewaldete Fläche zu erschließen. Wenig später zierten Bunker, Baracken, Löschwasserteiche und Funkmasten die Landschaft, wobei einige Gebäude unterirdisch miteinander verbunden waren.

Als die Alliierten mit Bombenangriffen auf Berlin begannen und sich die Führungszentrale des Oberkommandos der Marine in der Hauptstadt der steigenden Gefahr eines Einschlags ausgesetzt sah, wurde deren Verlegung in ein sicheres, außerhalb gelegenes Gebiet beschlossen. Das OKM zog daraufhin am 30. Januar 1943 in das unter dem Decknamen »Koralle« fungierende Lager nördlich von Bernau. Das Areal wurde mit Flak und Gewehren vor Angriffen geschützt.

SITZ DES U-BOOT-FÜHRUNGSSTABS Kurz darauf wurde vor Ort auch die Hauptfunkstelle von Großadmiral Karl Dönitz, dem Befehlshaber der Unterseeboote (BdU), eingerichtet. Zwischenzeitlich sollen hier bis zu 2000 Menschen gearbeitet und gelebt haben. Sie fanden alles Nötige vor Ort – selbst Friseur und Sauna. Alle Nachrichten und Aufträge der deutschen Flotte trafen fortan im bombensicheren Nachrichtenbunker des Objekts Koralle ein. Der U-Boot-Krieg wurde im Grunde aus dem Wald heraus, zwischen Lanke und Lobetal koordiniert.

An einigen Stellen war die Sprengung erfolgreich, an anderen wiederum nicht.

↑ Bei Kletterprofis ist dieser Lost Place auch recht beliebt.

↗ Der Natur ist die Vergangenheit üblicherweise egal.

HITLERS NACHFOLGER Der 1891 in Berlin-Grünau geborene Karl Dönitz trat mit 18 Jahren in die Kaiserliche Marine ein, erhielt bereits während des Ersten Weltkriegs mehrere Auszeichnungen und machte dann Karriere in der Reichsmarine der Weimarer Republik. Zu Beginn des Zweiten Weltkriegs wurde er zum BdU und Ende Januar 1943 von Adolf Hitler schließlich zum Oberbefehlshaber der Kriegsmarine ernannt. Letzterer bedachte ihn in seinem politischen Testament vom 29. April 1945 zudem als seinen Nachfolger in der Rolle des Reichspräsidenten und Oberbefehlshabers der Wehrmacht. Karl Dönitz war damit für wenige Tage das letzte Staatsoberhaupt des nationalsozialistischen Deutschen Reiches. In seinem Auftrag wurde dann auch die bedingungslose Kapitulation von Vertretern des Oberkommandos der Wehrmacht unterschrieben.

ABSCHIED VOM LOBETAL Mit dem Vormarsch der Roten Armee und damit einhergehend der Schlacht um Berlin war der Rückzug der Marine-Führungsstelle unausweichlich. Am 19. April 1945 wurde der Befehl zur Verlegung ins Ausweichquartier »Forelle« bei Plön und wenige Tage später nach Flensburg-Mürwik gegeben. Damit war das Ende des Führungszentrums des OKM besiegelt. Sowjetische Truppen übernahmen das Lager am 22. April 1945.

NACH DEM KRIEG IST VOR DEM KRIEG

Die sowjetischen Besatzer entkernten die Anlage so weit wie möglich und sendeten die noch nutzbare Technik als Reparationszahlung in die Heimat. Die Bevölkerung vor Ort wiederum hatte vor allem Interesse an verfügbaren Baumaterialien und dem ein oder anderen Möbelstück. Anschließend wurde der Großteil der Anlage gesprengt. Dies galt in erster Linie für die oberirdischen Gebäudeteile des Hoch- und Flakbunkers. Und selbst dafür waren zwei Anläufe vonnöten. Heute sind nur noch der Tiefbunker, der die Nachrichtenzentrale des OKM beherbergte, und das Wohnhaus von Karl Dönitz erhalten. Zu DDR-Zeiten nutzte die Berliner Volkspolizei das Gelände für Übungen zum Häuserkampf, das Landhaus hingegen fungierte als Waisenheim.

ZERSTÖRUNGSWUT TUT SELTEN GUT

Nach dem Mauerfall machten sich Hausfriedensbruch, Diebstahl und Vandalismus breit. Alles, was nicht niet- und nagelfest war, wurde entweder entfernt oder zerschlagen. Um dem Ganzen Einhalt zu gebieten, musste der Fernmeldebunker schließlich mit einer großen Betonplatte vor weiteren Zugriffen geschützt werden. Heute kümmert sich das Team Delta (www.team-delta.de) um das Gelände und die noch vorhandenen Anlagen. Besitzer ist die Brandenburgische Boden Gesellschaft für Grundstücksverwaltung und -verwertung mbH. Gelegentlich werden auch Führungen, beispielsweise am Tag des offenen Denkmals, angeboten.

Das besondere Erlebnis

Das schon mehrfach erwähnte Städtchen Bernau ist in jedem Fall eine Reise wert. Ein Gang entlang der Stadtmauer ist recht beschaulich. Auch die zahlreichen anderen Sehenswürdigkeiten wie Steintor, Pulverturm, Stadtpark und St. Marienkirche können sich sehen lassen und machen die Liste an interessanten Orten noch lange nicht komplett. Sollten Sie etwas mehr Zeit zur Verfügung haben, darf ein Besuch des Bauhaus-Denkmals Bundesschule des Allgemeinen Deutschen Gewerkschaftsbunds nicht fehlen. Es liegt nördlich der Stadt und gehört seit 2017 zum Weltkulturerbe der UNESCO.

Einige Teile der Bunkeranlage sind noch äußerst gut erhalten.

9

BOMBENSICHER SCHLAFEN

Hochbunker Karlshorst

Inmitten einer beschaulichen Einfamilienhaussiedlung in Karlshorst steht ein riesiger, verlassener Betonklotz. Einst als Mannschaftsbunker für die nahegelegene Pionierschule I um 1940 errichtet, sucht hier heute niemand mehr Schutz. Was passiert mit dem Bunker?

Berlin-Karlshorst, Lichtenberg, Berlin **ORT** Zwieseler Straße 80, 10318 Berlin-Karlshorst **GPS** 52.4915, 13.53986 **ANFAHRT** Mit dem Auto über die Treskowallee, Waldowallee und Rheinsteinstraße, die später zur Zwieseler Straße wird. Mit dem Bus 296 bis Kötzinger Straße oder mit den Trams 21, 27, 37 oder M17 bis Treskowallee/HTW und 15 Minuten weiter zu Fuß

Dieser Betonklotz steht mitten in einer Einfamilienhaussiedlung in Karlshorst.

Die Eingänge sind verrammelt und verriegelt. Betreten verboten.

IDYLLE IM WOHNGEBIET Lässt man die Plattenbauten von Lichtenberg hinter sich und biegt von der viel befahrenen Treskowallee ab, wird es recht beschaulich. Viele Einfamilienhäuser reihen sich hier aneinander. Man mag kaum glauben, dass man noch in Berlin ist. Und hier mittendrin in der Zwieseler Straße steht ein ehemaliger Hochbunker der Wehrmacht. Der Kontrast könnte kaum größer sein.

SCHUTZ FÜR DIE OFFIZIERE Die Bunkeranlage wurde 1940 für die Schüler und Lehrkräfte der Pionierschule I errichtet, die sich quasi zwischen dem Bunker und dem Offizierskasino (heute Deutsch-Russisches Museum) befand. Während die Schule in den vergangenen Jahren saniert und zu Wohnungen umgebaut wurde, verfällt der Bunker zusehends. Es gleicht eher einem Schandfleck in der so beschaulichen Wohnsiedlung. Es handelt sich hierbei um einen Bunker vom Typ M 500. Die Zahl steht für die Anzahl der Personen, die er beherbergen kann, also 500. Der Betonbau mit drei Etagen verfügt über ein ungewöhnliches Walmdach und winzige, schießschartenartige Fensteröffnungen. Er wurde so errichtet, dass er gas- und bombensicher war. Es gibt je zwei Eingänge und Treppenhäuser.

SCHUTZ FÜR DIE BEVÖLKERUNG Neben der Pionierschule I diente er auch als Schlafbunker für die Bevölkerung in Karlshorst. Die einzelnen Räume dienten einer Familie und waren mit zwei dreistöckigen Betten ausgestattet. Jedoch wurde nur Frauen mit kleinen Kindern sowie älteren Personen Zutritt zum Bunker gewährt. Und auch nur, wenn ein Berechtigungsschein vorhanden

Die angebrachten Überwachungskameras sind angeblich nur Attrappen.

war, der von einer NS-Vertrauensperson ausgestellt werden musste. Der Bunker verfügt auch über Waschräume und Toiletten, eine Küche sowie je einen Raum für die Wachgruppe und den Bunkerwart. Der Bunker ist 36 Meter lang und 19 Meter breit mit einer Wandstärke von 1,10 Metern. Neben diesem Hochbunker in Karlshorst gibt es vier weitere, baugleiche Bunker in Lankwitz, Tempelhof und zwei in Wittenau.

AUFRÜSTUNG FÜR DIE WEHRMACHT Der Bau der Pionierschule und der dazugehörigen Gebäude wie dem Bunker war Teil der Aufrüstungspolitik der Wehrmacht. Die Schule diente als Ausbildungsstätte für Wehrmachts-Offiziere. Die Schüler wurden hier auch in Kasernen untergebracht. Bereits 1936 wurde mit den Bauarbeiten für das Lehrgebäude begonnen und am 1. April 1937 begann der Unterricht. Im Zentrum stand der Hörsaal umrahmt von Unterkünften für die Schüler. Im Süden wurde die Anlage durch das Offizierskasino (heute Deutsch-Russisches Museum) begrenzt und im Norden durch den Hochbunker sowie einen Exerzierplatz.

VERBOTENE STADT KARLSHORST Denkt man an eine Verbotene Stadt, fällt einem vielleicht Wünsdorf im Süden von Berlin ein. Tatsächlich war das Gebiet um den Hochbunker nach dem Zweiten Weltkrieg ebenfalls eine Verbotene Stadt. Bei den Berlinern wurde es auch »Klein-Moskau« genannt. Die Sowjetische Militäradministration in Deutschland (SMAD) bezog die Pionierschule I nach dem Zweiten Weltkrieg und die Russischen Besatzer blieben fast 50 Jahre in Karlshorst präsent. Über 25 000 Karlshorster wurden damals aus ihren Wohnungen verdrängt, da ein Großteil des Gebietes zum sowjetischen Sperrgebiet erklärt wurde. Auswärtige durften das Gebiet nur mit einer speziellen Genehmigung betreten. Der Hochbunker diente in dieser Zeit als Lager für Munition und Ausrüstung sowie als Kühlhaus. Das Hauptgebäude mit dem Hörsaal wurde ab Mitte der 1950er-Jahre vom Geheimdienst der Sowjetunion (KGB) genutzt und war die größte Zentrale außerhalb des Staates. Seit dem Abzug der Sowjetischen Streitkräfte steht der Bunker leer und ist denkmalgeschützt. Seit einigen Jahren gibt es immer wieder Ideen für eine Nachnutzung, z. B. als Kellerräume für die umliegenden Häuser, Erweiterung des Museums Karlshorst, Boulderwand oder Club. Der Bezirk hat sich jedoch bislang nicht geäußert. Ein Abriss ist aber bereits ausgeschlossen worden.

Das besondere Erlebnis

Wer mehr über die Militärgeschichte in Karlshorst erfahren möchte, kann unter www.karlshorst-history.tours viele weitere Informationen und Standorte entdecken. Auf der Website finden sich diverse Smartphone-gestützte Kiezspaziergänge, die alle historisch relevanten Orte in Karlshorst vorstellen. Fußläufig kann man auch die Russischen Wohnhäuser in der Andernacher Straße erreichen, die ebenfalls in diesem Buch beschrieben sind (Kapitel 18).

Der Bunker konnte bis zu 500 Personen beherbergen und wurde gas- und bombensicher errichtet.

In diesem unscheinbaren Haus befand sich eines der ersten Konzentrationslager Berlins.

10

SPUREN FRÜHEN NS-TERRORS

SA-Gefängnis Papestraße

Nicht weit vom S-Bahnhof Südkreuz findet sich ein Ort, der von den Anfängen der nationalsozialistischen Schreckensherrschaft zeugt und deren Opfern ein Gesicht gibt.

Tempelhof-Schöneberg, Berlin **ORT** Werner-Voß-Damm 54a, 12101 Berlin **GPS** 52.475570, 13.370090 **ANFAHRT** Der S-Bahnhof Südkreuz eignet sich am besten für die Anreise. Über den Ausgang General-Pape-Straße/Werner-Voß-Damm erreicht man das Gebäude nach etwa 5 Minuten Fußweg. Man kann auch mit dem Bus 184 oder 248 bis zur Gontermannstraße fahren. Reist man mit dem Pkw an, findet man in der näheren Umgebung ausreichend Parkplätze.

VERSTECKT IM GEWERBEGEBIET Etwas unwirklich fühlt sich der Besuch des Gedenkortes am Werner-Voß-Damm an. Nutzt man die S-Bahn zur Anreise, begegnen einem Menschen, die zwar den gleichen Ausgang nehmen, jedoch ein anderes Ziel verfolgen. Viele von ihnen führt der Weg zu den naheliegenden Einrichtungshäusern und Baumärkten. In den Backsteingebäuden am Werner-Voß-Damm hingegen sind diverse klein- und mittelständische Unternehmen sowie ein ganz besonderes Stück Zeitgeschichte zuhause.

Die Gedenkstätte befindet sich in den Kellerräumen eines recht imposanten Hauses. Beim Betreten gelangt man zunächst in den Flur, der recht dunkel und kühl ist. Die unverputzten Wände und das vorherrschend indirekte Licht tun ihr Übriges. Der erste Eindruck des nahezu im Originalzustand erhaltenen Kellers ist recht bedrückend. Gänsehaut ist hier keine Seltenheit. Man kann und möchte die Gräueltaten der Vergangenheit nur erahnen.

EHEMALIGES KASERNENGELÄNDE In seinen Anfangsjahren am Ende des 19. und zu Beginn des 20. Jahrhunderts diente das Haus den Preußischen Eisenbahnregimentern. Dank der Bahn konnte das Militär Truppen und Nachschub nun schneller zum Einsatzort transportieren. Zur Nutzung nach dem Ersten Weltkrieg sind wenige Details bekannt. Im Jahr 1932 fungierte es wohl als Schlaf- und Lehrstätte für arbeitslose Jugendliche.

Im Kellergang sind noch immer zahlreiche Spuren aus dem Jahr 1933 zu finden.

AUFSTIEG DER NATIONALSOZIALISTEN

Mit der Machtergreifung Adolf Hitlers am 30. Januar 1933 war das Ende der Weimarer Republik besiegelt. Der neue Reichskanzler nutzte umgehend alle ihm zur Verfügung stehenden Mittel, um seine politischen Gegner außer Gefecht zu setzen. Der Brand des Reichstags am 27. Februar 1933 spielte ihm zusätzlich in die Hände. Das Feuer wurde angeblich von Kommunisten entfacht und hatte den Erlass einer Verordnung zur Folge, mit der die NS-Opposition problemlos unter »Schutzhaft« gestellt werden konnte. In dieser Zeit entstanden auch die ersten Konzentrationslager. Eines von ihnen war das Gefängnis in der Papestraße.

SONDERFUNKTION DER SA-FELDPOLIZEI Die Sturmabteilung (SA) der NSDAP war bei den Säuberungsaktionen stets an vorderster Front dabei. Die von ihr eingerichtete Feldpolizei stellte in diesem Zusammenhang eine Sondereinheit dar, die nicht nur Oppositionelle, sondern auch nationalsozialistische Parteimitglieder überwachte. Für die Festsetzung ihrer gegnerischen Kräfte wurde von März bis Dezember 1933 das Gefängnis in der Papestraße betrieben. Über den gesamten Zeitraum wurden etwa 500 Menschen inhaftiert, in der Regel jüdische und regimekritische Mitbürger. Rund 30 von ihnen starben durch die vor Ort durchgeführten Misshandlungen oder an deren Folgen.

UNMENSCHLICHE HAFTBEDINGUNGEN

Die Inhaftierten mussten jederzeit mit Verhören rechnen, die üblicherweise von Gewalt begleitet waren. Exerzierübungen, schwere körperliche Arbeit und schlechte hygienische

↓ Die Räumlichkeiten sind größtenteils in ihrem ursprünglichen Zustand erhalten.

↘ Hier ging es früher einmal zum Haupteingang des Hauses.

Selbst die Kessel im ehemaligen Heizungsraum wirken beklemmend.

Bedingungen zermürbten die Inhaftierten zusätzlich. Es saßen auch Frauen ein. Sie wurden getrennt von den Männern eingesperrt. Gleiches galt für SA- und NSDAP-Angehörige, die sich eines vermeintlichen Vergehens schuldig gemacht hatten. Die Haft konnte zwischen wenigen Tagen und mehreren Monaten dauern. Um den Entlassungsschein zu erhalten, mussten einige Häftlinge eine Verschwiegenheitserklärung unterschreiben.

ORT DES GEDENKENS Nach dem Zweiten Weltkrieg gerieten das Gebäude und seine Geschichte für lange Zeit in Vergessenheit. Eine juristische Aufarbeitung der hier durchgeführten Verbrechen fand im Grunde nicht statt. Seit 2011 sind die Kellerräume nun dank der Anstrengungen des Bezirksmuseums, der Geschichtswerkstatt Papestraße und des Fördervereins für die Aufarbeitung der Geschichte des Ortes als öffentliche Gedenk- und Bildungsstätte zugänglich.

Das besondere Erlebnis

Neben dem ehemaligen SA-Gefängnis (www.gedenkort-papestrasse.de, Di–Do, Sa und So 13–18 Uhr) finden sich in näherer Umgebung noch weitere historisch bedeutsame Orte. Diese können auf dem »Geschichtsparcours Papestraße« erkundet werden. An 14 Open-Air-Stationen kann der Besucher bei einem Spaziergang mehr über das ehemalige Militärgelände erfahren. Dazu zählt beispielsweise auch das Bauwerk »T«, das den Größenwahn der Nationalsozialisten bezeugt.

11

GUT GETARNT

Treib- und Schmierstofflager Niederlehme

In Niederlehme gab es im Zweiten Weltkrieg eine geheime Sprengstofffabrik mit einem dazugehörigen Lager für den Produktionsstoff Methanol. Getarnt vor den Augen der Siegermächte des Ersten Weltkriegs, wurde hier die Wiederaufrüstung Deutschlands vorangetrieben.

Königs Wusterhausen, Landkreis Dahme-Spreewald, Brandenburg **ORT** Niederlehme, Königs Wusterhausen **GPS** 52.32806, 13.66396 **ANFAHRT** Mit dem Auto über die A10 Ausfahrt Niederlehme, weiter auf dem Segelfliegerdamm bis zum Kreisverkehr, dort die erste Ausfahrt. Mit der Bahn (ICE, RB24, RB36, RE2, RE56, S46) bis Königs Wusterhausen, von dort weiter mit dem Fahrrad (ca. 25 Minuten)

Mitten im Wald bei Niederlehme wurde die heimliche Wiederaufrüstung Deutschlands nach dem Ersten Weltkrieg angestoßen.

Blick aus der Tiefgaragenzufahrt eines der größeren Gebäude des Lagers

TANKLAGER OHNE FLUGPLATZ Niederlehme ist ein Ortsteil von Königs Wusterhausen im Landkreis Dahme-Spreewald. Unweit der Kleingartenanlage befinden sich die Überreste eines Treib- und Schmierstofflagers mitten im Wald. Das Pförtnerhäuschen neben dem Eingangstor ist wohl das einzige Gebäude, dessen Zweck sofort ersichtlich ist. Darüber hinaus befinden sich auf dem eher überschaubaren Gelände vermeintlich wahllos angeordnete Gebäude. Das Areal beherbergt verschiedene Lagerbaracken, zwei große unterirdische Kraftstofftanks mit einem Fassungsvermögen von 7700 Kubikmetern und weitere kleinere, unterirdische Lagerbehälter. Eines der größeren Gebäude ist ein einstöckiger Bau mit Tiefgaragenzufahrt in der Nähe des Pförtnerhauses. Es stellt sich die Frage, warum hier in Niederlehme ein Tanklager betrieben wurde, wo doch weit und breit kein Flugplatz in der Nähe war.

TARNBETRIEB MITTEN IM WALD Nähere Recherchen zeigen, dass dieses vermeintliche Tanklager Teil eines größeren getarnten Betriebs im Zweiten Weltkrieg war. Hier in Niederlehme gab es eine geheime Sprengstofffabrik. Es wurden Produkte für die Sprengstoffindustrie unter dem Namen Paraxol hergestellt. Genauer gesagt wurde hier das Sprengstoff-Vorprodukt Pentaerythrit produziert, ein Ausgangsmaterial für einen militärischen Sprengstoff. Das Treib- und Schmierstofflager war somit ein Lager für Methanol, das für die Produktion benötigt wurde. Die Paraxol AG produzierte in vier weit über Deutschland verstreuten Werken: Lippoldsberg an der Weser, Schrobenhausen und Welden in Bayern sowie Niederlehme in Brandenburg. Die Werke wurden als Staatsgeheimnis klassifiziert und trugen zur Tarnung offiziell die Bezeichnung »Holzmehlanlagen«. Diese Verschleierung diente dazu, die Aufrüstung des deutschen Reiches voranzubringen und dabei Restriktionen der

Die Bausubstanz einiger Gebäude ist bis heute eigentlich noch gut erhalten.

Siegermächte des Ersten Weltkriegs zu umgehen. Der Vertrag von Versailles beinhaltete nämlich zahlreiche Einschränkungen u. a. des Militärs, der Produktion von Kampfstoffen oder dem Besitz von schweren Militärgeräten wie U-Booten und Panzern. Betriebe wie diese Sprengstoffbetriebe waren demnach verboten.

GROSSE SPRENGSTOFFANLAGEN Alle Werke hatten große Lager für Methanol, das jeweils vor Ort zu Formaldehyd umgewandelt wurde. Das Werk in Niederlehme (Tarnbuchstabe W) besaß drei Formaldehydanlagen und vier Pentaerythrit-Einheiten. Diese an sich harmlosen Substanzen wurden im weiteren Schritt mit Salpetersäure zu Pentaerythrit-Nitrat oder Nitropenta weiterverarbeitet. Das Treib- und Schmierstofflager befindet sich ca. 1 Kilometer südlich vom ehemaligen Hauptwerk. Die Rohstoffe wurden meist per Schiff nach Niederlehme gebracht und dort entladen. Jedoch wurden die meisten Werke erst kurz vor Ende des Zweiten Weltkriegs fertiggestellt und waren demnach nicht lange in Betrieb. Zahlreiche Hallen und Maschinen des Paraxolwerks wurden bis 1950 durch ein Spezialdemontagekommando der Roten Armee abgebaut. Einige Gebäude wurden auch gesprengt.

WEITERBETRIEB NACH DEM ZWEITEN WELTKRIEG Das Treib- und Schmierstofflager blieb vom Krieg und der Demontage der Roten Armee größtenteils verschont. Daher wurden die Lagerkomplexe nach dem Zweiten Weltkrieg erweitert und von der NVA für den gleichen Zweck weitergenutzt – nämlich als Betriebsstoffdepot. Ab 1963 wurde es als Treib- und Schmierstofflager 44 der Luftverteidigung der NVA geführt. Es folgten weitere Umbauten wie Unterkünfte, eine neue Zufahrtsstraße und die Errichtung eines Doppeltanks. Letzterer verdreifachte die bisherige Lagerkapazität. In den Tanks wurde Kerosin gelagert. Eine Kfz-Abfüllstation sowie eine Be- und Entladestation für Kesselwagen wurden mittels Pipelines mit dem Lager verbunden.

MIT DER WENDE KAM DAS ENDE Nach der Wende ging das Lager an die Bundeswehr über. Diese hatte keine weitere Verwendung dafür und übergab es an die Finanzverwaltung des Bundes. Damit endete die Nutzung als Betriebsstofflager. Es gab verschiedene Ideen zur Weiternutzung. Eine Umwandlung in einen Reiterhof scheiterte. Im Jahr 2014 gab es Pläne für eine Hotel- und Ferienhausanlage, die auch durch die Stadtverordnetenversammlung von Königs Wusterhausen genehmigt wurde. Eine Bautätigkeit ist jedoch nicht zu erkennen und so verfällt das Gelände weiterhin.

Das besondere Erlebnis

Die Gegend um Königs Wusterhausen ist einen Ausflug wert. Ein Spaziergang am Nottekanal ist zu allen Jahreszeiten idyllisch. Wer mit dem Fahrrad unterwegs ist, kann die zahlreichen Seen der Umgebung erkunden.

↓ ↘ Vieles ist zugewuchert, und die Gebäude wirken teilweise wie fehl am Platz.

Kaum vorstellbar, dass in diesem Gebäude früher Backwaren hergestellt wurden (Kapitel 20).

DEUTSCHE DEMOKRATISCHE REPUBLIK

Es wirkt bis heute sehr idyllisch: das Bungalowdorf in Repente.

12

SOZIALISTISCHER URLAUB

Betriebsferienlager Repente

Idyllisch gelegen am Großen Zechliner See, befand sich das Betriebsferienlager Repente. In einfachen Bungalows machten Familien hier Urlaub. Es gab Spielplätze, eine Eisdiele sowie einen Fahrrad- und Bootsverleih. Seit der Wende macht hier jedoch niemand mehr Urlaub. Wie kam es dazu?

Repente, Landkreis Ostprignitz-Ruppin, Brandenburg **ORT** Repente, Luhme/Rheinsberg **GPS** 53.1585, 12.81562 **ANFAHRT** Mit dem Auto von Rheinsberg kommend, über das Dorf Zechlin weiter auf der Luhmer Straße. Hinter dem Kapellensee rechts hinein, durch Heimland und weiter nach Repente

MITTEN IM WALD Die Fahrt nach Repente ist an sich schon ungewöhnlich. Wir biegen von der Landstraße auf einen sandigen Waldweg ab, weiter bis in den kleinen Ort Repente. Reiterhof reiht sich hier an Reiterhof, es gibt nur Sandwege. Südlich des Ortes erstreckt sich das Gelände des ehemaligen Bungalowdorfes Repente.

IDYLLE PUR Das Gelände ist sehr groß, viele Bungalows stehen noch. Eingebettet ist das Gelände in einen großen Kiefernwald. Die vielen Kiefernzapfen auf dem Boden knacken unter den Füßen. Bis heute wirkt es hier sehr idyllisch und man fragt sich, warum diese schöne Anlage keinen Nachnutzer findet. Vorn direkt am See befinden sich zwei große Säle, einer davon vermutlich als Speisesaal genutzt. Dahinter erstreckt sich direkt der Große Zechliner See samt zerstörtem Bootssteg. Die Bungalows wurden terrassenförmig angeordnet, sodass man über kurze Fußwege schnell zum Wasser, Speisesaal, Spielplatz oder zur Eisdiele gelangte. Für aktive Urlauber gab es einen Fahrrad-, Sportartikel- und Bootsverleih. Dank der Nähe zu anderen Bungalows kam man sicher schnell in Kontakt zu anderen Urlaubern.

SOZIALISTISCHER URLAUB Klein-Nordhausen wurde das Feriendorf in Repente zu DDR-Zeiten genannt. Das lag daran, weil das Gelände damals vom Rat des Kreises der Stadt Nordhausen in Thüringen betrieben wurde. Einrichtungen wie in Repente gab es zahlreich in der DDR. Urlaubsangebote waren zumeist staatlich organisiert. Neben dem bekannten FDGB-Feriendienst gab es betriebseigene Ferieneinrichtungen

In einfachen Bungalows konnten Mitarbeiter des Kreises der Stadt Nordhausen in Thüringen Urlaub machen.

An dem Steg legt heute kein Tret- oder Ruderboot mehr zu einer idyllischen Seenrunde ab.

wie Repente, das Reisebüro der DDR, Jugendtourist sowie staatliche Campingplätze. 1989 existierten etwa 5000 Betriebsferienlager in der DDR. Darunter gab es große Objekte wie das Erholungsheim Friedrich Engels in Templin, das Ferienheim Fritz Heckert in Gernrode oder das Erholungsheim Walter Ulbricht in Friedrichroda, aber auch viele kleinere Objekte. Die Finanzierung dieser Betriebsferienlager unterlag dem jeweiligen Betrieb, war jedoch selten lukrativ, da die Urlaubseinrichtungen nur wenige Wochen im Jahr genutzt wurden. Daher gab es Zuschüsse vom FDGB (Freier Deutscher Gewerkschaftsbund) für derartige Betriebsferienlager. Die Nachfrage nach FDGB-Urlaubsreisen war damals enorm, weil sie sehr günstig waren und Urlaub im Ausland nur eingeschränkt möglich beziehungsweise sehr teuer war. Wer fahren durfte, wurde von den Ferienkommissionen der Betriebe entschieden.

VERFALL NACH DER WENDE Nach der Wende 1989 geriet das idyllische Feriendorf in Repente in Vergessenheit. Niemand wollte Urlaub im Osten der Bundesrepublik machen. Alle zog es in den Westen oder ans Mittelmeer. Nach knapp 30 Jahren eingeschränkter Reisemöglichkeiten war das den DDR-Bürgern auch nicht zu verdenken. Wie viele andere ehemalige FDGB-Einrichtungen, wurde auch das Bungalowdorf Repente geschlossen und sich selbst überlassen. Die Natur hat sich das Gelände zurückerobert: Umgestürzte Bäume, wuchernde Pflanzen, zerstörte Gebäude kennzeichnen das Areal heute.

Erholung garantiert mitten im Wald und mit dem Zechliner See vor der Tür

GEPLANTES MILLIONENPROJEKT Nach dem Mauerfall wollte zunächst der nordthüringische Landkreis das Areal für über eine Million Mark erwerben, der Kreistag lehnte dies jedoch ab. Auch andere Ideen für das idyllische Gelände am See zerschlugen sich. 2020 wurden Pläne des Berliner Unternehmens BDRE Asset Management veröffentlicht. Demnach soll auf dem Gelände wieder ein Urlaubsort errichtet werden. Geplant seien Ferienhäuser, ein Hotel und ein Campingplatz mit Wohnwagenstellplätzen sowie eine Marina mit Steg. Insgesamt sollen so mehrere hundert Betten für Urlauber entstehen. Die alten Bungalows sollen abgerissen werden, da sie mittlerweile zu marode sind. Der Ortsbeirat von Luhme sowie die Anwohner von Repente und den umliegenden Dörfern wehren sich jedoch entschieden gegen dieses Bauvorhaben und sammelten bereits Unterschriften. Sie fürchten die Zerstörung der Natur und zu viel Lärm. Mehrere hundert Betten in einem Dorf mit ein paar Dutzend Einwohnern passen nun wirklich wenig zusammen. Auch fürchten andere Beherbergungsbetriebe der Region um ihre Existenz. 900 Betten gibt es bereits in der Region, die schon jetzt nur zu 60 Prozent ausgelastet sind.

Das besondere Erlebnis

Der Große Zechliner See ist 35 Meter tief und zählt zu den klarsten Gewässern im Rheinsberger Seengebiet. Das Gebiet steht unter Naturschutz. Auf dem 13 Kilometer langen Rundweg können Wanderer die Landschaft rund um den See erkunden.

13

DER NATUR IST DIE VERGANGENHEIT GLEICH

FDJ-Hochschule Bogensee

Vor den Toren Berlins findet sich tief im Wald ein Ensemble beispielhafter DDR-Architektur, das zusehends zerfällt, dadurch aber keineswegs an Faszination verliert.

Wandlitz, Landkreis Barnim, Brandenburg **ORT** Nikolai-Ostrowski-Straße, 16348 Wandlitz **GPS** 52.776206, 13.526073 **ANFAHRT** Mit dem Auto über die A11 bis zur Ausfahrt Lanke, von dort aus der Wandlitzer Straße bis zum Abzweig Bogensee folgen. Bei ÖPNV-Nutzung mit der RB27 bis zur Haltestelle »Wandlitzsee« fahren und von dort mit dem Bus 909 nach Bernau bis zur Haltestelle »Bogensee Bildungsstätte«.

Dieses ehemalige Wohngebäude ist nur eines von vielen auf dem weitläufigen Gelände.

SCHLAFENDE SCHÖNHEIT Unweit des Bogensees, im Wandlitzer Ortsteil Lanke, findet sich ein Gebäudekomplex beeindruckenden Ausmaßes und unvergleichlicher Schönheit. Unter dem Schutzmantel von Mutter Natur verharren dort etwa 30 Gebäude in einer Art Dornröschenschlaf: junge Sträucher in Dachrinnen, mit dem Geländer verwachsene Bäume und vom Gras gepflasterte Wege. Die Vegetation scheint sich hier unmissverständlich zurückzuholen, was einst ihr gehörte. Bewegt man sich über das Gelände, macht sich eine gewisse Faszination breit. Man fühlt sich einerseits wie der Entdecker unbekannter Welten und gleichzeitig als unerwünschter Eindringling. Man fragt sich nicht nur einmal, ob das Areal wirklich darauf wartet, wachgeküsst zu werden.

Kopflos, aber dafür innig scheint dieses Pärchen das Leben zu meistern.

BERLINER EXKLAVE AUF BRANDENBURGER GEBIET Seit über 100 Jahren gehört das Areal der Stadt Berlin. 1936 schenkte sie Joseph Goebbels, dem damaligen Reichspropagandaminister, den Bogensee und ein fast 500 Hektar großes Stück Land samt Blockhaus auf Lebenszeit. Er nutzte den Landsitz zunächst für die Treffen mit seiner Geliebten, später dann für seine Familie und um Prominente der damaligen Zeit zu empfangen. Da das Blockhaus nicht den für diese Gesellschaften notwendigen Komfort bot, ließ er sich einen neuen Landsitz errichten, dessen Bau von der Universum Film AG (UFA) mit einer großzügigen Summe unterstützt wurde. Das neue Haus verfügte nicht nur über 30 Zimmer, sondern auch über ein Kino, nach unten versenkbare Fenster sowie ein eigenes Wasserwerk und eine SS-Eliteeinheit zur Bewachung.

EIN NEUER ANFANG Am Ende des Zweiten Weltkriegs wurde das Areal von der Roten Armee besetzt und in den Folgemonaten als Lazarett genutzt. Mit der Übergabe durch die sowjetische Militäradministration im März 1946 begann schließlich eine neue Ära. Erich Honecker, Mitbegründer der antifaschistischen Jugendorganisation Freie Deutsche Jugend (FDJ) bat um die Einrichtung einer zentralen Jugendleiterschule am Bogensee. Seinem Wunsch wurde nachgekommen. Die Zentralschule der FDJ nahm ihren Betrieb am 22. Mai 1946 auf. Zunächst trug sie den noch aus der Vorkriegszeit übernommenen Namen Waldhof am Bogensee, 1950 wurde ihr dann der Name des ersten und einzigen Präsidenten der DDR, Wilhelm Pieck, verliehen.

AUS KLEIN WIRD GROSS Im Oktober 1951 wurde der Grundstein für die Erweiterung des Geländes gelegt. Die Pläne für dessen Umsetzung stammten von dem bekannten Architekten Hermann Henselmann, der sich auch für die Berliner Stalinallee verantwortlich zeichnete. Deren Stil, der Sozialistische Klassizismus, setzte der berühmte Baumeister auch für die neuen Gemeinschafts-, Vorlesungs- und Wohngebäude am Bogensee

Ein Kunstwerk, das vermutlich zu Hochschulzeiten aufgestellt wurde.

ein. Ihre damaligen Namen – Haus Reggio di Calabria, Haus Budapest, Haus Potsdam und Haus Wien – kann man noch heute an den Bauten entdecken.

NEUE ZEITEN, ANDERE TÖNE Anfänglich kamen die Eleven nur aus Deutschland, später dann auch aus den Bruderstaaten der DDR. Die ausländischen Studenten brachten frischen Wind an die Jugendhochschule. Sie bereicherten nicht nur den Lehrbetrieb, sondern auch das kulturelle Leben am Bogensee. Mit dem Aufkommen des »Kalten Krieges« änderte sich jedoch das Klima an der Vorzeigeschule. Sie wandelte sich in eine Kaderschmiede für zukünftige Funktionäre. Die Lehren von Lenin und Marx und der Schutz der Deutschen Demokratischen Republik standen nun auf der Tagesordnung.

VORZEIGEOBJEKT IM GRÜNEN 1980 wurde das Gelände noch einmal um- und ausgebaut. Es kamen neue Bauten wie eine Sporthalle und ein Heizhaus hinzu. Das Lektionsgebäude wurde mit einer der modernsten Simultanübersetzungsanlagen der DDR ausgestattet, mit der in bis zu 18 Sprachen gedolmetscht werden konnte. Ebendiese wurde 1981 prestigeträchtig bei einem Besuch des Bundeskanzlers Helmut Schmidt für die Durchführung einer Pressekonferenz genutzt. Im Lauf der Jahre wurde die Jugendhochschule vermehrt von Studenten aus kapitalistischen Ländern besucht. Einige von ihnen mussten sich sogar unter falschem Namen einschreiben, da sie in ihrer Heimat politisch verfolgt wurden.

LEERSTAND AUF DEM LAND Als die politische Wende kam, wurde der Lehrbetrieb am Bogensee eingestellt und die Hochschule von der Treuhandanstalt abgewickelt. Das Gelände gehört seitdem wieder dem Land Berlin. Als Nachnutzer zog vorerst der gemeinnützig agierende Internationale Bund für Sozialarbeit ein und bildete vor Ort Jugendliche aus. Es folgte das Internationale Bildungszentrum, das 1999 endgültig die Segel strich. Seitdem stehen die denkmalgeschützten Gebäude nahezu vollständig leer. Teilweise wurden die Räumlichkeiten noch für Schulungen der Berliner Polizei und der Berliner Forstverwaltung genutzt. Letztere betreibt noch immer eine Waldschule auf dem Gelände.

Die Immobilie wurde 2008 weltweit zum Verkauf angeboten. Das Bieterverfahren wurde aber trotz zahlreicher Kaufangebote im Frühjahr 2009 ausgesetzt, da bei den vorgeschlagenen Konzepten nie das gesamte Gelände in Betracht gezogen wurde. Ähnlich verhielt es sich in den Folgejahren. Es wurde teilweise mehrere Jahre mit Interessenten verhandelt, doch letzten Endes scheiterte es jedes Mal an einem nicht zu realisierenden Businessplan.

KEIN LEICHTES ERBE Die jährlichen, von Berlin zu tragenden Unterhaltskosten belaufen sich inzwischen auf über 200 000 Euro. Nach derzeitigem Stand strebt das Land den Abschluss eines langfristigen Pacht- oder Erbbauvertrages an, da bei einem Verkauf eine unerwünschte Umwandlung des Geländes zu befürchten wäre. Das Areal hat aufgrund seiner unrühmlichen Vergangenheit immer wieder rechtsextreme Initiativen auf den Plan gerufen. Bis Ende 2027 hat nun die Gemeinde Wandlitz das Gelände zur Nutzung im Rahmen einer Perspektivstudie übernommen. Es ist fraglich, wie der Großbrand vom Januar 2026 die weitere Ideenfindung und Zukunftsplanung beeinflusst.

Das besondere Erlebnis

Um tiefer in die Geschichte der DDR abzutauchen, empfiehlt sich ein Abstecher in die Waldsiedlung Wandlitz. Dort, wo früher nur die großen und mächtigen Funktionäre Zutritt hatten, kann nun jeder umherspazieren. Viel ist heute jedoch nicht mehr von den vergangenen Zeiten zu sehen. Die Wohnhäuser wurden saniert und umgebaut. Es siedelten sich viele neue Unternehmen an und ein Großteil des Geländes wird heute von einem Klinikbetrieb genutzt. Einzig das ehemalige Zuhause von Walter Ulbricht ist praktisch komplett im Originalzustand erhalten.

So ansehnlich würde sich mancher Berliner Vermieter seinen Hauseingang auch wünschen.

Die große Halle verfügte über Speisesaal und Kegelbahn. Daneben gab es Bettenhäuser und Bungalows.

14

SOMMERFERIEN MIT DRILL

Ferienlager des MfS in Klausheide

Jeden Sommer verbrachten bis zu 1500 Kinder ihre Ferien im Pionierferienlager »Feliks E. Dzierzynski« des Ministeriums für Staatssicherheit. Seit Mitte der 1990er-Jahre liegt das idyllische Gelände direkt am Möllensee brach. Welche Mythen ranken sich um das Gelände?

Alt-Ruppin, Landkreis Ostprignitz-Ruppin, Brandenburg **ORT** Klausheide, Alt-Ruppin **GPS** 52.96629, 12.90488 **ANFAHRT** Mit dem Auto von Neuruppin kommend, über Alt-Ruppin auf der B122. Hinter Alt-Ruppin rechts auf der Rheinsberger Straße zum Möllnsee folgen.

ZAHLREICHE MYTHEN Das ehemalige Pionierferienlager des Ministeriums für Staatssicherheit (MfS, kurz Stasi) in Klausheide im Norden Brandenburgs ist Heimat zahlreicher Mythen. Überschwänglicher Luxus, militärischer Drill der Kinder bis hin zu Technik zum Abhören der benachbarten Stadt Neuruppin soll es hier gegeben haben.

MILITÄRISCHER DRILL Zu DDR-Zeiten waren hier jeden Sommer die Kinder »verdienter Mitarbeiter« des MfS untergebracht. Es muss idyllisch gewesen sein. Mitten im Wald und direkt am See. Die Kinder spielten, machten Nachtwanderungen oder feierten Neptunfest. Das Motto des Ferienlagers war »Leben dem Genossen Feliks nach«. Feliks E. Dzierzynski war der erste Leiter der sowjetischen Geheimpolizei »Tscheka«. Im zentralen Pionierlager der Stasi standen daher auch ideologische Werte und sogar Militärübungen im Vordergrund. Es gibt Berichte, dass Kinder sogar das Zielen mit einer Panzerfaust übten. Ab den 1970er-Jahren versuchte das MfS seinen Nachwuchs idealerweise direkt aus Stasi-Familien anzuwerben. Die Kinder spielten in den Ferien also Krieg, während sich die DDR-Propaganda im Kalten Krieg für Frieden einsetzte.

ENORME GRÖSSE Das Areal ist riesig. Es gibt eine große Halle, einen Speisesaal, Kegelbahnen, Bettenhäuser, Bungalows und sogar ein eigenes Kraftwerk. Das Ferienlager wurde 1976 durch das Ministerium für Staatssicherheit eröffnet und sollte ausschließlich den Kindern der hauptamtlichen Stasi-Mitarbeiter dienen. Die typische DDR-Architektur einiger Gebäude ist bis heute gut zu erkennen.

VERFALL NACH DEM MAUERFALL Die letzten Kinder fuhren vor dem Mauerfall mit vielen Erinnerungen wieder nach Hause. Nach der Wende wurde das Gelände an den Rat der Stadt Alt-Ruppin übergeben. Kurzzeitig wurde es dann noch als Hotel sowie Seniorenresidenz genutzt, bevor es Mitte der 1990er-Jahre endgültig geschlossen wurde. Seitdem rottet es vor sich hin und die Natur hat sich auf dem Gelände breitgemacht. Pläne für eine eventuelle Wiederbelebung und Neunutzung konnten wir bei unseren Recherchen nicht finden.

Das besondere Erlebnis

Wer mehr sehen möchte, kann auf www.stasi-mediathek.de den Film »Immer bereit« über das Pionierferienlager »Feliks E. Dzierzynski« in Dammsmühle ansehen. Die Aufnahmen stammen aus einem Propagandafilm des MfS. Sie sind Teil des geheimen Stasi-Filmarchivs und wurden vom Stasi-Unterlagen-Archiv veröffentlicht.

In der Großküche wurde für bis zu 500 Kinder sowie die Angestellten gekocht.

15

LOST-PLACES-RUNDGANG

Frankfurt (Oder)

In Frankfurt (Oder) an der polnischen Grenze warten gleich mehrere Gebäude und Industrieanlagen darauf, entdeckt zu werden. Grund genug, einen Rundgang zu erstellen, der Sie zu den sehenswertesten Lost Places der Stadt führt.

Frankfurt (Oder), Landkreis Märkisch-Oderland, Brandenburg **ORT** Frankfurt (Oder) **GPS** Lichtspielhaus: 52.34152, 14.54813; Gasometer: 52.35008, 14.55146; Wäscherei: 52.35515, 14.54926; VEB Oderfrucht: 52.35613, 14.54896; VEB Rationalisierung: 52.35818, 14.5481; Betonwerk: 52.35894, 14.5478 **ANFAHRT** Mit dem Auto über die A12 Ausfahrt Frankfurt (Oder)-Mitte, dann weiter Richtung Innenstadt/Bahnhof; am besten in Bahnhofsnähe parken und weiter zu Fuß. An der Beelitzer Straße rechts abbiegen neben dem Netto-Supermarkt. Mit der Bahn (RE1, RB11, RB36, RB60, RB91, EC) nach Frankfurt (Oder); ab da weiter zu Fuß

Im VEB Oderfrucht wurden zu DDR-Zeiten unter anderem Obstkonserven produziert. Seit der Wende steht es leer.

Produktionsstätten und Verwaltungsgebäude des ehemaligen Gasometers

LICHTSPIELTHEATER DER JUGEND Der Rundgang beginnt am Bahnhof Frankfurt (Oder). Folgen Sie der Bahnhofstraße und biegen Sie dann rechts in die Heilbronner Straße ab. Auf der rechten Seite steht das verlassene Lichtspieltheater der Jugend. Das Gebäude wurde im Stil des Sozialistischen Klassizismus errichtet und war ein typischer Kulturpalast der DDR. Viele Menschen haben hier Konzerte und Kulturevents besucht und Jugendweihe gefeiert. Seit 1998 steht das Haus nun leer, aber ein Happy End ist in Sicht.

GLANZ UND GLORIA Als erstes Kino der Stadt Frankfurt (Oder) wurde das Lichtspieltheater um 1900 eröffnet. Das Kino war Teil eines ganzen Vergnügungskomplexes, gegründet von Kaufleuten der Frankfurter Actien-Brauerei. Um die Brauerei herum entstanden Restaurants, Biergärten und eben dieses Lichtspielhaus. Der Kaisersaal avancierte schnell zu Frankfurts beliebtestem Kino. Im Zweiten Weltkrieg wurde es dann jedoch stark zerstört, Bühne und Restaurant wurden durch eine Bombe beschädigt. Der beliebte Kaisersaal mit der unverwechselbaren Empore überlebte die Kriegswirren jedoch wie durch ein Wunder unbeschadet. Zu DDR-Zeiten entstand ein neues Kino an der gleichen Stelle.
Am 30. April 1955 wurde das Kino dann feierlich mit der DDR-Liebesschnulze »Sommerliebe« eröffnet. Neben Kinofilmen fanden hier auch andere Veranstaltungen und Jugendweihen statt. Charakteristisch sind die DDR-typischen Wandmalereien an beiden Seiten der Fassade an der Hauptseite. Daneben stehen zwei Skulpturen – ein Arbeiter vom Hochofen sowie eine Erntehelferin. Symbole des sozialistischen Arbeiter- und Bauernstaates.

↑ ↗ Seit der Wende stehen die meisten Gebäude leer. Betreten verboten!

DIE UFA ÜBERNIMMT Nach der Wende wurde das Haus von der Ufa übernommen und erhielt technische Erneuerungen. 1998 war dann jedoch Schluss. Das Lichtspielhaus wurde durch ein neues, modernes Multiplex-Kino ersetzt. Das Haus, welches unter Denkmalschutz steht, wurde dem Verfall überlassen. Aber es gibt bereits neue Pläne. 2019 konnte die Stadt das Gebäude zurückerwerben. Das Kunstmuseum Frankfurt (Oder), welches aktuell auf drei Standorten verteilt DDR-Kunst zeigt, zieht in das Gebäude an der Heilbronner Straße ein. Der Umbau wird vom Bund und dem Land Brandenburg zu gleichen Teilen finanziert und soll 23 Millionen Euro kosten.

Weiter geht es mit dem Rundgang. Spazieren Sie durch den Lennépark gegenüber bis zum Ende am Karl-Marx-Denkmal. Gegenüber gehen Sie in die Straße am Topfmarkt und gelangen zum nächsten Lost Place.

DER GASOMETER Das Gaswerk wurde bereits 1854 gebaut, um die Straßenbeleuchtung mit Gaslaternen sicherzustellen. Das Gelände zwischen Topfmarkt und Oder war ideal, da hier die Kohle direkt per Schiff angeliefert werden konnte. Die Bauarbeiten dauerten ein Jahr. Bis 1857 entstanden die zur Gasgewinnung benötigten Retorten- und Maschinengebäude sowie ein Gasbehälter. Ab 1856 wurde Frankfurt (Oder) erstmals

Der Schornstein des Gasometers steht wie eh und je.

mit Gaslaternen beleuchtet. Das Netz wurde immer weiter ausgebaut, sodass später auch öffentliche Gebäude, Krankenhäuser und Parks beleuchtet werden konnten. Die Gasanstalt wurde im Zweiten Weltkrieg zerstört und konnte erst im Dezember 1945 seinen Betrieb, wenn auch nur eingeschränkt, wieder aufnehmen. Ab 1954 wurde es dann in den VEB Energieversorgung überführt und wenig später mit den Eberswalder Gasbetrieben zusammengeschlossen. Gas wurde in den folgenden Jahren immer weniger produziert. Ab Mitte der 1960er wurde Gas aus Schwedt geliefert, wo es als Abfallprodukt in der Heizölproduktion anfiel. Ende der 1960er-Jahre kam der Anschluss ans Ferngasnetz. Das Gaswerk wurde obsolet und ab 1971 gar nicht mehr genutzt. Ende der 1970er-Jahre ging dann auch die letzte Gaslaterne der Stadt vom Netz. Nach der Wende folgte die Umstellung auf Erdgas, und das alte Gaswerk wurde geschlossen.

ZUKUNFTSPLÄNE VORHANDEN Neben dem Gasometer befinden sich auf dem Gelände ebenfalls verlassene Produktionsstätten, Verwaltungsgebäude und Werkshallen. Der sechseckige Backsteinturm, den man heute noch sehen kann, war nur die Hülle des eigentlichen Teleskop-Gasbehälters. Er galt als einer der ältesten in Deutschland und wurde 2005 verschrottet. Die Backsteinhülle

Für den eigentlichen Gasometer gibt es Pläne, für die restlichen Gebäude bisher noch nicht.

sowie das Dach wurden bis 2006 aufwendig saniert. Es ist geplant, Maisonette-Wohnungen in dem Gasometer entstehen zu lassen. Im unteren Teil des Gebäudes soll es Ausstellungen geben. Aktuell ist jedoch noch unklar, ob und wie die geplanten Wohnungen tatsächlich realisiert werden können. Vom Gasometer gehen Sie weiter Richtung Oder und schwenken dort nach links. An der Sportboot-Marina halten Sie sich links zur Straße am Winterhafen.

INDUSTRIESTANDORT LEBUSER VORSTADT Ab hier reihen sich gleich mehrere Industrieanlagen und verlassene Orte aneinander. Angefangen mit der ehemaligen Großwäscherei, gefolgt vom VEB Oderfrucht, Brachflächen (hier standen VEB Maröwerke, der Koehlmannhof und die Seifenfabrik Oderna), VEB Rationalisierung (Produktion von Waschmaschinen für Lebensmittelkisten) und das Betonwerk (erkennbar an der besonders verzierten Betonmauer). Das gesamte Areal zählte in der zweiten Hälfte des 19. Jahrhunderts zum Entwicklungsschwerpunkt für die Industrie in Frankfurt (Oder). Das Gebiet war bis dato kaum besiedelt oder erschlossen und hier siedelten sich dann eine Reihe von Industriebetrieben an. Die Fabrik für Stärke, Sirup und Zucker von Kaufmann Carl-August Koehlmann stand hier bereits seit 1865. Viele Betriebe waren auf Warenanlieferungen und -abtransport durch Schifffahrt sowie Eisenbahn angewiesen. Daher wurde 1881 eine Anbindung an die Gütereisenbahn geschaffen. Ab 1906 wurde dann der Winterhafen ausgebaut und konnte die Unternehmen zusätzlich auf dem Wasserweg unterstützen. Nach dem Zweiten Weltkrieg blieb das gesamte Areal weiterhin ein wichtiger Industriestandort. Es entstanden das Betonwerk und in den 1970er-Jahren an der Hafenstraße die Großwäscherei.

INTERESSE JA, PLÄNE NEIN Nach der Wende verloren die meisten der dortigen Betriebe an Bedeutung und wurden abgewickelt. Das ganze Areal wurde zur Industriebrache. Anfang der 1990er-Jahre wurden die Gelände der ehemaligen Oderna- und Maröwerke geräumt. Auch das Betonwerk wurde nicht weiter betrieben. Bereits 2003 gab es einen umfangreichen Bebauungsplan samt Bestandsaufnahmen. Demnach ist an der Herbert-Jensch-Straße eine Mischnutzung von Wohnen und Gewerbe angedacht, während am Winterhafen direkt nur eine gewerbliche Nutzung erlaubt ist. Seither ist jedoch nichts passiert. Es gibt bereits einen neuen Eigentümer für das Gelände der Wäscherei sowie Interessenten für das Gebiet des VEB Oderfrucht. Konkrete Bauanträge gibt es jedoch noch nicht. Das Planungsrecht muss aktuell geklärt werden.

Am Betonwerk können Sie links abbiegen und an der Herbert-Jänsch-Straße erneut links. Folgen Sie der Straße geradewegs zurück zum Bahnhof Frankfurt (Oder).

Das besondere Erlebnis

Wer noch nicht genug Lost Places gesehen hat, kann sich noch in die Gubener Vorstadt südlich des Bahnhofes aufmachen. Am Buschmühlenweg 4 steht eine verlassene, ehemalige und wunderschöne Poliklinik. Die Villa wurde 1874 im italienischen Stil erbaut. Das Gebäude wurde ab 1949 für fast 20 Jahre als Poliklinik betrieben. Danach wurde es geschlossen und steht seitdem leer. Ein Stück weiter die Straße hinunter befindet sich rechter Hand auch noch eine verlassene Stadthalle.

Blick aus dem VEB Oderfrucht auf den Innenhof mit gefluteten Becken.

Militärische Gelände dieser Art gibt es viele in Brandenburger Wäldern.

16

VERTEIDIGUNG AUS DER LUFT

41. Fla-Raketenabteilung Kremmen

Die Wälder Brandenburgs sind dafür bekannt, dass sie so einige Lost Places beherbergen. So auch zwischen Rüthnik und Sommerfeld. Hier befand sich 30 Jahre lang eine Raketenstellung der NVA. Seit 1990 sind hier keine Soldaten mehr stationiert.

Kremmen, Landkreis Oberhavel, Brandenburg **ORT** 16766 Kremmen OT Beetz **GPS** 52.84125, 13.03963 **ANFAHRT** Mit dem Auto über die B96, Ausfahrt Oranienburg Nord/ Sommerfeld; der Hauptstraße folgen und gegenüber des Rheinhold Reinigungsservice rechts abbiegen.

VERSTECKT IM WALD Brandenburger Wälder waren während des Zweiten Weltkriegs und auch zu DDR-Zeiten quasi prädestiniert für Kasernengebäude und Verteidigungsgelände. Sie sind riesig, abgelegen und schwer einzusehen. So befand sich von 1960 bis 1990 tief in den Wäldern der Beetzer Heide die 41. Flugabwehr-Raketenbrigade. Von der Landstraße kann man auch heute nichts von dem ehemaligen Gelände erahnen. Sie gehörte zur 4. Raketenbrigade »Hermann Duncker« mit Hauptsitz in Ladeburg und weiteren Stationen u. a. in Fürstenwalde, Wandlitz, Fehrbellin und eben Kremmen. Das Gelände bestand aus Kasernengebäuden, Lagern, Truppenübungsplatz, Pförtnerhaus, Heizhaus und Trafostation. Beeindruckend ist der große oberirdische Raketenlagerbunker. Der Aufbau derartiger Raketenstellungen war in der DDR häufig identisch. Charakteristisch ist die Ringstraße des gesamten Areals, die auch heute noch gut zu erkennen ist. Der wichtigste Geländeabschnitt war der Ort, wo die Raketenabwehrsysteme stationiert waren. Er befindet sich ca. 1 Kilometer südlich des Geländes und war ursprünglich von einer Elektro-Sicherungsanlage sowie einer Betonmauer umgeben. Teile der Mauer sind heute noch zu sehen. In der Mitte war die Operationszentrale, von der aus die Raketen gesteuert wurden. Sie bestand aus einem unterirdischen Bunker und außen herum befanden sich sechs Startrampen für die Raketen, die zur Tarnung mit einem Rolldach versehen waren.

RAKETENABWEHR Bereits im Jahr 1958 begannen die Pläne für den Bau der Raketenstellungen und der dazugehörigen technischen Einrichtungen. Ab Ende der 1950er-Jahre wurden die ersten Offiziere der NVA in der Sowjetunion für die Raketentruppen ausgebildet. Hier am Standort Kremmen war der Flugabwehrraketenkomplex S-75 »Wolchow« stationiert, der Anfang der 1950er-Jahre in der Sowjetunion entwickelt wurde. Eingesetzt wurde das System zur Eliminierung von schnellen Luftzielen mit mittlerer Entfernung sowie See- und Bodenzielen. Im Rahmen der Luftverteidigung der DDR

Das Gelände ist riesig und die Gebäude sind teilweise weit voneinander weg errichtet worden.

Das Gelände ist mitten im Wald. Von der Landstraße aus kann man auch heute nichts von dem ehemaligen Gelände erahnen.

↓ Es gab auch einige Wirtschaftsgebäude …
↘ … sowie Bunker für die damaligen Soldaten.

Beeindruckend ist das große oberirdische Lager, in dem die Raketen aufbewahrt wurden.

sollten diese Raketenstellungen zusammen mit den Abteilungen und Stützpunkten zur Flugabwehr folgende Ziele erfüllen: Schutz der Hauptstadt Berlin sowie der Räume Neubrandenburg-Pasewalk-Prenzlau, Stralsund-Rostock-Wismar, Schwerin-Pritzwalk-Parchim und Schwarze Pumpe in Spremberg.

SPERRZONE IM WALD Das Gelände beherbergt darüber hinaus einige geschützte Garagen, von denen eine als Fernmeldezentrale genutzt wurde, sowie mehrere Mannschaftsbunker. Zur aktiven Zeit der Raketenbrigade in der Beetzer Heide wurde ein großer Teil zur Sperrzone deklariert. Zutritt nur mit Genehmigung. Nach der Wende und der Auflösung der NVA zogen die hier stationierten Truppen ab und das Gelände wurde sich selbst überlassen. Viele Gebäude sind verfallen, Fenster eingeschlagen, Bäume wachsen auf den Dächern.

RENATURIERUNG Das gesamte Areal, auf dem sich auch die Raketenstellung befand, ist etwa 3850 Hektar groß. Es wurde von der Deutschen Bundesstiftung Umwelt (DBU) zur bislang größten Naturerbefläche ernannt. Die Waldflächen sollen entsiegelt und die Baracken und Ruinen abgetragen werden. Neben den Überresten der Raketenstellung ist bis heute jedoch nicht ganz klar, welche Überreste aus dem Zweiten Weltkrieg sich noch im Boden befinden. Geplant ist, das Gelände in einen naturnahen Laubmischwald zu verwandeln. Derzeit stehen dort zu 90 Prozent Kiefern. Die Umwandlung soll naturnah geschehen, sodass Laubbäume dort möglichst natürlich entstehen. Nur als letzte Möglichkeit werden gezielt Eichen, Linden und Buchen gepflanzt. Es gilt als das größte Waldrenaturierungsexperiment dieser Art in Deutschland.

Das besondere Erlebnis

Mehr Details über die Luftverteidigung der DDR und des Fla-Raketensystems S-200 findet sich in dem Buch »Luftverteidigung der DDR: Fla-Ra-Komplex S-200 Wega« von Peter Kraus mit vielen Informationen zur Geschichte (Motorbuch Verlag, 2019). Wer weitere Lost Places sehen möchte, kann in der Nähe noch das Ferienlager Klausheide (Kapitel 14) oder das Herrenhaus Gentzrode erkunden.

17

GESUNDHEIT FÜR DIE ELITE

DDR-Regierungskrankenhaus in Buch

Im Regierungskrankenhaus der DDR in Berlin-Buch war Luxus gerade gut genug. Medizinische Betreuung, Unterbringung und Verpflegung waren allesamt vom Feinsten. Versorgt wurde allerdings auch nur die Elite des Landes. Was passiert mit dem seit 2007 leer stehenden Gebäude?

Berlin-Buch, Pankow, Berlin **ORT** Hobrechtsfelder Chaussee 100, 13125 Berlin-Buch **GPS** 52.64133, 13.48035 **ANFAHRT** Mit dem Auto über die A114 bis Ausfahrt Berlin-Buch; weiter auf der Schönerlinder Straße und dann rechts abbiegen auf die Schönerlinder Chaussee. Mit der S-Bahn bis Berlin-Buch, dann links auf die Wiltbergstraße und nach ein paar Minuten links in einen Waldweg

Die Klinik trug den Beinamen Spezialklinik. »Spezial« waren nicht nur die Behandlungen, sondern vor allem die Patienten.

↑ ↗ Seit 2007 steht das gesamte Gebäude-Ensemble leer.

MYTHEN UND GERÜCHTE Das erste Regierungskrankenhaus der DDR befand sich in der Scharnhorststraße 36 in Berlin-Mitte. Den Machthabern wurde dieses wegen der Nähe zu West-Berlin aber irgendwann zu unsicher. So entstand 1976 nördlich von Berlin in einem dichten Waldgebiet ein weiteres Regierungskrankenhaus. Die Architektur glich den damaligen typischen DDR-Neubauten. Das Gebäude verfügt über sechs Etagen und trug den Beinamen Spezialklinik. Spezial waren nicht nur die Behandlungen, sondern vor allem die Patienten. Versorgt wurden hier nur die oberste Führungsriege der DDR sowie Staatssekretäre, Staatsgäste, ausländische Diplomaten sowie Angehörige von hohen SED-Funktionären. »Normale« DDR-Bürger durften hier nicht hinein oder gar behandelt werden. Zu DDR-Zeiten wurde das Klinikgelände militärisch bewacht und sollte von außen nicht einsehbar sein. Das erklärt auch die Lage mitten in einem Waldgebiet. Zutritt nur mit Sonderausweis. Es gab sogar einen Atombunker und eine eigene Energieversorgung. Fast wie eine kleine Stadt. Aufgrund der elitären Patienten rankten sich damals zahlreiche Mythen um das Krankenhaus. Es gab Gerüchte über Medikamente und Technik aus dem Westen, luxuriöse Krankenzimmer, Südfrüchte in Hülle und Fülle und überdurchschnittliche Ärztegehälter in West-Mark. Nach der Wende kam heraus, dass so einiges tatsächlich der Wahrheit entsprach.

MODERNSTE TECHNIK Dank westlicher Technik war die Ausstattung sehr modern. Ab Mitte der 1980er-Jahre befand sich in dem Regierungskrankenhaus einer der zwei Computertomographen der DDR. Auch gab es hier keinerlei Engpässe bei der Versorgung mit Medikamenten. Im Zweifel fuhr

Viele Fenster sind eingeschlagen.
Spuren der Verwüstung sind zu sehen.

ein Mitarbeiter der Stasi mit Aktentasche in den Westen und kam mit den benötigten Medikamenten wieder zurück. Alles, was in anderen Krankenhäusern aufgrund der Mangelwirtschaft der DDR fehlte, gab es hier wie selbstverständlich immer auf Vorrat. Knapp 60 der besten Fachärzte der Republik sowie über 100 Pflegekräfte waren hier beschäftigt. Die 85 Patientenzimmer, die mit Fernseher und Telefon ausgestattet waren, konnten gut und gerne mit Hotelzimmern verglichen werden. Einzelne Zimmer verfügten sogar über zwei Räume. Die Legende um die Bezahlung der Ärzte in West-Mark stellte sich jedoch als falsch heraus.

ÖFFNUNG FÜR ALLE Nach der Wende im Januar 1990 beschloss die noch tätige Volkskammer der DDR, dass das Regierungskrankenhaus zunächst für Arbeiter aus Berliner Betrieben und später auch für die ganze Bevölkerung geöffnet werden sollte. Bisherige Patienten wurden auch weiterhin betreut, jedoch ohne Sonderbehandlung. Nach wenigen Monaten wurde das Regierungskrankenhauses dann dem städtischen Klinikum Berlin-Buch angegliedert – Schluss mit Luxus und Exklusivität. Der Berliner Senat verkaufte 2001 das gesamte Klinikum Berlin-Buch an die Helios Kliniken. 2007 zogen die Helios Kliniken um an einen neuen Standort, für die alten Gebäude gab es nun keine Verwendung mehr. Seither steht das ehemalige Luxuskrankenhaus der DDR leer.

DER ZUKUNFT ZUGEWANDT Die landeseigene Berliner Immobilienmanagement GmbH ist heute die Verwalterin des Grundstücks. Die Natur hat sich das Gelände zurückerobert. Trotz hoher Zäune und Sicherungsanlagen trieben Vandalen hier ihr Unwesen: Graffiti überall. Pläne zur Umwandlung des ehemaligen Klinikgeländes in ein Gewerbegebiet oder zur Integration in das neu entstehende Wohnquartier Am Sandhaus sind bislang noch nicht konkretisiert worden. Ab 2026 sollen aber in jedem Fall die Bagger anrücken.

Das besondere Erlebnis

Rund 250 Meter südlich befindet sich das ebenfalls verlassene Krankenhaus des Ministeriums für Staatssicherheit. Dieses wurde ausschließlich für die Mitarbeiter der Stasi errichtet. Auch die im Volksmund als Stasi-Krankenhaus bekannte Klinik glänzte selbstverständlich zur damaligen Zeit mit modernster Ausstattung für ihre hochrangigen Patienten. Acht Rettungswagen standen dauerhaft zur Verfügung. Zwischen 1970 und 1980 war die Klinik mit ihren 3000 Betten sogar der größte Krankenhauskomplex in Europa. Für weitere Informationen findet man auf der Website www.stasi-mediathek.de über beide Gebäude einige Fotos und Stasi-Akten.

↓ ↘ **Auf dem Gelände soll in den kommenden Jahren ein Wohnquartier entstehen.**

Im angespannten Wohnungsmarkt Berlins stehen seit Jahren Wohnungen leer. Eigentümer Russland, Zukunft ungewiss.

18

RUSSLAND RÜHRT SICH NICHT

Russische Wohnhäuser

In Berlin, wo Wohnungen Mangelware sind, stehen ehemalige russische Wohnhäuser in Karlshorst seit Jahren leer. Die sowjetischen Besatzer sind lange weg. Ihre Wohnhäuser und Kasernen bleiben bestehen und verfallen teilweise vor sich hin. Wie geht es weiter?

Karlshorst, Lichtenberg, Berlin **ORT** Andernacher Str. 4–5, 10318 Berlin-Karlshorst **GPS** 52.4814878, 13.5305558 **ANFAHRT** Mit dem Auto über die Treskowallee, Rheinsteinstraße und Königswinterstraße. Mit der S-Bahn bis Karlshorst und weiter ca. 10 Minuten zu Fuß

WIDERSTAND GEGEN DIE NAZIS Bevor die Wohnhäuser in der Andernacher/Königswinterstraße ihren Beinamen Russenhäuser erhielten, wohnte hier jemand, der traurige Berühmtheit erlangte. Die Rede ist von Rudolf Mandrella, der 1936 bis 1941 in der Königswinterstraße 24 lebte. Nach seinem Studium der Rechtswissenschaften arbeitete er ab 1936 als Amtsgerichtsrat beim Amtsgericht in Berlin-Köpenick. Er wurde katholisch erzogen und geriet dadurch vermehrt in Gewissenskonflikte mit der Ideologie der Nazis. 1941 meldete er sich freiwillig zur Kriegsmarine in Stettin, um dem Wehrdienst zu entgehen. Hier schloss er sich einer Gruppe geistlicher Regimekritiker an. Ein Jahr später wurde die Gruppe mittels eingeschleuster Spitzel von der Gestapo zerschlagen. Beim ersten Prozess kam es zu keinem Urteil, da sich der Richter zu keinem Urteil zwingen lassen wollte und sich anschließend sogar das Leben nahm. Ein Jahr später wurde Mandrella dann jedoch am Reichskriegsgericht in Dessau zum Tode verurteilt und im September 1943 hingerichtet. In Köpenick benannte man 1947 den Platz vor dem Gerichtsgebäude als Ehrung in Mandrellaplatz um.

RUSSENHÄUSER Die Mehrfamilienhäuser gingen nach dem Zweiten Weltkrieg in das Eigentum der Sowjetunion über, als viele Objekte von Nazis und Kriegsverbrechern enteignet wurden. Daher werden die Häuser unter den Karlshorstern auch Russenhäuser genannt. In den öffentlichen Landes- und Bundesarchiven finden sich wenig Informationen dazu. Fakt ist, dass die Häuser bis 1994 von sowjetischen Offizieren bewohnt wurden. Die Nähe zur ehemaligen »Verbotenen Stadt Karlshorst« im Gebiet um die Zwieseler Straße lässt jedoch vermuten, dass

3 Zimmer, Küche, Bad. Schöne Wohngegend. Mieter Fehlanzeige.

die Offiziere dort gearbeitet haben könnten. Das Hauptgebäude wurde ab Mitte der 1950er-Jahre vom Geheimdienst der Sowjetunion (KGB) genutzt und war die größte Zentrale außerhalb des Staates. Seit dem Abzug der Roten Armee stehen die Häuser leer.

RUSSLAND RÜHRT SICH NICHT Nachdem die russischen Truppen 1994 das gesamte Areal in Karlshorst verließen, veräußerte die Bundesregierung den Großteil der Gebäude und Grundstücke an private Investoren. Alle, außer die beiden Eckgrundstücke in der Andernacher Straße. Die zwei Häuserblocks verwittern zusehends. Der errichtete Bauzaun dient nur der Sicherung des Geländes, gebaut oder saniert wird hier nicht. Es gab 48 Wohnungen, verteilt auf mehrere Hauseingänge. Der Putz bröckelt, und mittlerweile wachsen Birken aus dem Mauerwerk. Seit einigen Jahren wird Druck ausgeübt auf den Staat Russland, bisher vergebens. Russland möchte das Grundstück gegen ein Gelände am Wasser in Berlin tauschen. Es gab sogar bereits ein konkretes Grundstück, Moskau ließ den Tausch jedoch nicht zustande kommen, nicht zuletzt wegen anderer Prioritäten.

ZUKUNFT UNGEWISS Die Zukunft der Wohnhäuser steht in den Sternen. Sollte sich die Bundesregierung mit Russland jedoch nicht bald einig werden, kann man die Häuser wohl nur noch abreißen. Es gibt auch seitens der Erbauer der Gartenstadt Karlshorst, der WPK Grundstücksentwicklungsgesellschaft mbH, Interesse an den Häusern, aber auch hier bisher ohne Erfolg.

↓↘ Bis 1994 wurden die Wohnungen von sowjetischen Offizieren genutzt.

In 2025 hat das Auswärtige Amt bestätigt, dass diese Häuser keinen besonderen, diplomatischen Schutz genießen. Als Immobilienbesitzer muss sich Russland also um Leerstand und Denkmalschutz kümmern. Wie das umgesetzt und eingefordert wird, ist unklar. Was nach einer eventuellen Enteignung mit den Häusern passieren soll, ist weiterhin unklar.

ÜBERRESTE DER RUSSISCHEN BESATZER

Neben diesen Wohnhäusern gibt es eine ganze Reihe teils verlassener Gebäude der ehemaligen russischen Besatzer. Nachdem die letzten Truppen 1994 abgezogen wurden, haben sie einfach alles liegen und stehen gelassen. Teilweise befinden sich die Gebäude jedoch noch im Besitz des Staates Russland, sodass eine mögliche Sanierung und Nachnutzung schwierig ist. In unmittelbarer Umgebung befinden sich u. a. der ehemalige Flugplatz der Fliegerstation Berlin-Friedrichsfelde, das Theater Karlshorst und die Schule der sowjetischen Kinder. Letztere wurde mittlerweile umgebaut zu einem Mehrgenerationenwohnhaus.

Das besondere Erlebnis

Wer mehr über die Orte der sowjetischen Besatzungsmacht in Karlshorst erfahren möchte, findet unter www.karlshorst-tour.kulturring.berlin viele weitere Informationen und Standorte. Fußläufig kann man auch den Hochbunker Karlshorst in der Zwieseler Straße erreichen, der ebenfalls in diesem Buch beschrieben ist (Kapitel 9).

Die Nähe zur »Verbotenen Stadt Karlshorst« war ideal.

19

VERLASSENE GEISTERSTADT IM WALD

Little Prypjat

Im Brandenburger Wald liegen der Kapitalismus und der von ihm überwältigte Sozialismus ganz nah beieinander.

Krausnick, Landkreis Dahme-Spreewald, Brandenburg **ORT** 15910 Krausnick-Groß Wasserburg **GPS** 52.029332, 13.754617 **ANFAHRT** Mit dem Pkw auf der A13 bis zur Ausfahrt Staakow fahren und dann die L711 Richtung Krausnick nehmen. Das Ziel befindet sich etwa 200 Meter nach und gegenüber der Einfahrt zum Tropenparadies. Mit der Bahn ab Berlin den RE2 oder RE7 bis Brand Tropical Islands nehmen, vor Ort den kostenfreien Zubringer-Bus nehmen und dann zu Fuß zurück zur Hauptstraße spazieren.

Auch wenn die Gebäude teilweise sehr gut erhalten sind, ist das Betreten verboten.

STILL RUHT DER WALD Die Tropen links liegen lassen und stattdessen im Brandenburger Wald verschwinden? Unbedingt! Das riesige Gelände, das es unweit des Erlebnisbads »Tropical Islands« zu entdecken gibt, ist einfach zu verlockend. Bereits auf dem Weg zum Ziel tauchen die ersten Gebäudeumrisse zwischen den Bäumen auf. Auch wenn die Navigationsapp die Ausmaße des Terrains vorab erahnen lässt, fühlt es sich vor Ort umso beeindruckender an. Es liegt vermutlich an den unzähligen Gebäuden, die nicht nur über das gesamte Areal verstreut, sondern auch in verschiedenen Baustilen errichtet wurden. Der Großteil der Bauwerke ist inzwischen zerfallen, bei allen gilt daher »Betreten verboten!« Kam einst die Zivilisation in die Natur, erobert sich diese nun ihr Revier zurück.

Wo früher Piloten ausgebildet wurden, hängen heute vor allem Fledermäuse ab.

VOM FLIEGERHORST ZUM FLUGPLATZ

Angefangen hat alles mit dem Fliegerhorst Briesen/Brand, der 1938 etwa 60 Kilometer südlich des Berliner Stadtzentrums von der Wehrmacht errichtet wurde. Auch wenn die Kasernenanlage im Folgejahr um eine 1000 Meter lange Start- und Landebahn aus Gras sowie Anschlussgleise zum nahegelegenen Bahnhof erweitert wurde, waren hier während des Zweiten Weltkriegs keine Fliegerstaffeln stationiert. Der Flugplatz diente in dieser Zeit vordergründig der Ausbildung von Piloten, was auch die Errichtung eines ansehnlichen Schulgebäudes mit sich brachte.

Nach dem Zweiten Weltkrieg wurde der Standort wie viele andere Militärobjekte auf dem Gebiet der ehemaligen DDR von den sowjetischen Streitkräften übernommen. Aufgrund seiner strategisch guten Lage wurde der Flugplatz in den 1950er-Jahren nach und nach ausgebaut. Zwei betonierte Start- und Landebahnen mit jeweils 2500 Metern Länge und eine Behelfsstartbahn mit 2000 Metern Länge kamen hinzu. Der von der Sowjetunion geplante und von der DDR bezahlte Bau entsprach einem im Ostblock oft genutzten Flugplatzschema. Rund um das Flugfeld entstanden 60 massive, mit Erde bedeckte Stellplätze für Kampfflugzeuge sowie diverse Lager- und Munitionsbunker.

Mit dem Erstarken des Kalten Krieges wuchs auch die militärische Infrastruktur auf dem Flugplatz Brand. Weitere Kommandopunkte, Munitionslager, Treibstoffdepots und Wartungshallen ergänzten das Terrain. Selbst ein Sonderwaffenlager, in dem man nukleare Freifallbomben deponierte, wurde errichtet. Ein Atomkrieg schien damals auf beiden Seiten des »Eisernen Vorhangs« nicht ganz unwahrscheinlich.

SOWJETISCHES KLEINOD AUF DDR-GEBIET

Neben den Front- und Jagdbombern benötigten natürlich auch die etwa 4600 hier stationierten Soldaten Platz für sich und ihre Familien. Zusätzlich zu den bereits bestehenden Wohngebäuden, die für die Luft-

Man findet heutzutage einiges im Wald, aber ein komplettes Plattenbauviertel ist doch eher selten.

waffe gebaut wurden, entstanden viele neue Unterkünfte. So hoch wie die Offiziersdichte unter den Fliegern der Garnison war vermutlich auch der Wohnkomfort im nigelnagelneuen Plattenbauviertel des VEB Spezialbau. Etwas, wovon etliche Menschen in der DDR ihr Leben lang träumten. Das hier investierte Geld und Personal fehlte jedoch an anderer Stelle im Rahmen des Wohnungsbaus.
Da der Öffentlichkeit der Zutritt zu Militärstandorten wie diesem verwährt war, wussten viele nichts von derartigen Ungerechtigkeiten, ahnten es aber wohl. Sowjetische Sperrgebiete, die wie Kleinstädte mit allen Einrichtungen des täglichen Lebens ausgestattet waren, gab es zahlreiche auf DDR-Gebiet. Selbstverständlich wurde im Konsum vor Ort Russisch gesprochen und in den Schulen nach sowjetischem Lehrplan unterrichtet.

GROSSE PLÄNE AUF KLEINEM GRUND

Mit dem Fall der Mauer und der Auflösung der Sowjetunion im Jahr 1991 war auch der Flugplatz Brand Geschichte. Die Soldaten zogen ab und das Gelände wurde an die Bundesvermögenverwaltung übergeben.
Im Jahr 1998 wurden schließlich die luftverkehrstechnischen Zulassungen aufgehoben und somit das offizielle Ende eines der größten sowjetischen Militärflugplätze auf DDR-Boden besiegelt.
Wie in dieser Zeit des Umbruchs üblich gab es bereits Ideen für neue Nutzungsmöglichkeiten. Die Firma Cargolifter AG übernahm das riesige Areal noch im selben Jahr und baute die größte freitragende Halle der Welt, um Luftschiffe für Schwerlasttransporte zu fabrizieren. Für den Neubau kamen als Untergrund teilweise die Überreste der alten Start- und Landebahn zum Einsatz, die kurz zuvor abgerissen und zerkleinert wurden.

↑ Liegt hier womöglich das sagenumwobene Balkonien?
↗ Inzwischen ist Mutter Natur eingezogen.

Trotz aller Innovationskraft musste das Unternehmen 2002 Insolvenz anmelden. Die Halle wurde an einen Investor aus Malaysia verkauft, der die besondere Immobilie in einen Freizeitpark mit tropischem Flair verwandelte und seit 2004 unter dem Namen »Tropical Islands« betreibt.

LITTLE PRYPJAT IM BRANDENBURGER WALD Mit dem Abzug der Sowjetmacht war das Schicksal der ehemaligen Garnisonsstadt im Grunde besiegelt. Dienten Teile der Kaserne zwischenzeitlich noch als Asylbewerberheim, eroberten sich Flora und Fauna nun die Flächen zurück. Auch wenn das Gelände von Verfall gezeichnet ist, kann man sich sehr gut vorstellen, wie betriebsam es hier früher zugegangen ist. Spaziert man zwischen Plattenbauten, Lagerhallen, Waldschwimmbad und Fledermaus-Habitat umher, erscheint das Ganze nahezu idyllisch. Einige fühlen sich dabei an die ukrainische Stadt Prypjat erinnert, die infolge des Reaktorunglücks von Tschernobyl in kürzester Zeit geräumt wurde. Vor allem die Cargolifter-Halle scheint dabei Assoziationen an den ähnlich großen Sarkophag des Unglück-Reaktors zu wecken. Anders lässt sich die etwas unbedacht wirkende Namenswahl von »Little Prypjat« nicht erklären.

Das besondere Erlebnis

Naheliegend wäre wohl ein Besuch des »Tropical Islands«. Wem das zu trubelig ist, dem sei das Museumsdorf Baruther Glashütte empfohlen. Hier kann man in denkmalgeschützter Umgebung mehr über das Immaterielle UNESCO-Kulturerbe der Manuellen Glasfertigung erfahren.

In dieser imposanten Fabrikhalle wurden zu DDR-Zeiten nicht nur kleine Brötchen gebacken.

20

MIT FRAUENPOWER DEN PLAN ERFÜLLT

Großbäckerei Eisenhüttenstadt

In der DDR machte man aus der Not eine Tugend und setzte schon frühzeitig auf die weibliche Arbeitskraft. So auch in diesem ehemaligen Backwarenkombinat.

Eisenhüttenstadt, Landkreis Oder-Spree, Brandenburg **ORT** Oderlandstraße/Fährstraße, 15890 Eisenhüttenstadt **GPS** 52.145282, 14.649652 **ANFAHRT** Am unkompliziertesten und schnellsten ist die Anreise mit öffentlichen Verkehrsmitteln. Der RE1 fährt zur Hauptverkehrszeit halbstündlich ab Berlin. Vom Bahnhof Eisenhüttenstadt sind es dann nur etwa 10 Minuten Fußweg über die Beeskower und Oderlandstraße bis zur ehemaligen Großbäckerei.

MORBIDE STATT SOLIDE Eingeschlagene Scheiben, zugenagelte Fenster und schwere Vorhängeschlösser – man sieht dem Gebäudekomplex im östlichen Teil Eisenhüttenstadts die Jahre des Leerstands deutlich an. Mehrere Brände und nicht enden wollender Vandalismus haben ihre Spuren hinterlassen. In der jüngsten Vergangenheit kam nun noch ein weiterer Großbrand hinzu, der sich über alle drei Etagen erstreckte. Hatte man zuvor vielleicht über eine Weiter- bzw. Umnutzung der leer stehenden Häuser nachgedacht, kommt aufgrund der akuten Einsturzgefahr jetzt wohl nur noch ein Abriss in Betracht. Auch wenn das Grundstück größtenteils von einer Mauer umgeben ist, versprüht ebendiese augenscheinlich eine Anziehungskraft, der sich viele nicht entziehen können. Von seiner eigentlichen Bestimmung ist dem Gebäude jedoch nicht mehr viel anzusehen. Lediglich die großen, noch verbliebenen Einrichtungsgegenstände lassen an der ein oder anderen Stelle erkennen, dass in diesen heiligen Hallen Brot gebacken wurde.

TEIL EINER RIESIGEN INFRASTRUKTUR Eisenhüttenstadt war die erste Planstadt der DDR. Sie sollte dem neu gebauten Eisenhüttenkombinat Ost (EKO) als Wohn- und Schlafstadt dienen. Als Grundlage dienten dabei die »Die 16 Grundsätze des Städtebaus«, die zur damaligen Zeit das architektonische Leitbild der DDR-Stadtplanung prägten. In ihnen spiegelte sich die Utopie der sozialistischen Idealstadt. Waren die ersten Institutionen der 1951 gegründeten Stadt noch in Baracken untergebracht, entstanden in den Folgejahren viele neue Gebäude. Vorherrschend war dabei der sozialistische Klassizismus, auch »Zuckerbäckerstil« genannt. Zu den Bauten zählten beispielsweise ein Kindergarten, eine Grundschule, eine Gaststätte, ein Konsum und verschiedene Wohngebiete. Die komplette Infrastruktur musste initial geschaffen werden. Die Großbäckerei in der Oderlandstraße/Fährstraße kam 1955 hinzu.

BROT FÜR ALLE Damals firmierte das Unternehmen noch unter dem Namen Großbäckerei Stalinstadt, wie die Stadt von 1953 bis 1961 hieß. Es wurden Brot- und Feinbackwaren hergestellt. Später wurde der Betrieb dann in VEB Großbäckerei Eisenhüttenstadt umbenannt. Anfänglich mussten die Angestellten oftmals auch Arbeiten fernab ihrer eigentlichen Ausbildung übernehmen. Sonderschichten waren keine Seltenheit. Die Versorgung der Bevölkerung hatte oberste Priorität.

AN DER BELASTUNGSGRENZE In der Backwarenindustrie gab es jedoch teilweise große Kapazitätsprobleme. In einem Bericht des Ministeriums für Staatssicherheit (MfS) vom Oktober 1961 wird über die unbefriedigende Brotversorgung informiert, die dem Siebenjahresplan von 1959 entgegenstand. Dieser sah eine Qualitätsverbesserung,

Wo ist hier eigentlich oben und unten?

Kapazitätsvergrößerung und Sortimentserweiterung vor. Ursächlich für die großen Abweichungen und somit unübersehbaren Versorgungsprobleme waren vor allem die Überalterung der Handwerksmeister und die schlechten Arbeitsbedingungen. Eine beachtliche Zahl von Bäckern suchte sein Glück damals in anderen Berufen. Zwischenzeitlich arbeitete nahezu jeder zweite ausgebildete Bäcker in einem fremden Industriezweig. Warteschlangen vor Bäckereien waren daher keine Seltenheit.

WEIBLICHE ERWERBSARBEIT Der fortwährende Arbeitskräftemangel führte in der Großbäckerei und den übrigen Betrieben Eisenhüttenstadts zu einer dauerhaften Erhöhung des Frauenanteils in der Belegschaft. Qualifiziert waren sie allemal. Der Wechsel zur Fünf-Tage-Arbeitswoche im Jahr 1967 leistete dem Ganzen weiteren Vorschub. Die Großbäckerei war sozusagen ein »Frauenbetrieb«. Gleiches galt für die Molkerei und das Dienstleistungskombinat. Auch wenn ihre Qualifikation ähnlich hoch wie die der männlichen Belegschaft war, verdienten Frauen im Durchschnitt rund ein Drittel weniger. Mit ihrer Arbeitskraft ersetzten sie an vielen Stellen nach wie vor fehlende Automatisierungsprozesse. 1969 waren drei von vier Frauen in der DDR berufstätig. Gut jede zweite arbeitende Person war weiblich.

Der Gebäudekomplex wurde schon von vielen Feuerteufeln heimgesucht.

FRÜHER TOPP, HEUTE HOPP Bis zum Mauerfall war der Betrieb eine zentrale Ausbildungsstätte im Osten der Republik. Hier wurden in 35 Jahren etwa 1200 junge Menschen aufs Berufsleben vorbereitet. Bäcker, Konditoren und Bäckereifachverkäufer lernten ihr Handwerk in der Fährstraße in Eisenhüttenstadt. Mit den politischen Umbrüchen kam auch der Wechsel von der Plan- zur Marktwirtschaft. Trotz Umfirmierungen und struktureller Anpassungen musste die Bäckerei im Jahr 2002 schließlich in die Insolvenz gehen. Seither diente das Gelände als Projektionsfläche für verschiedenste Geschäftsideen, es konnte aber noch keine davon umgesetzt werden. Der letzte Großbrand vom Sommer 2021 hat nun wohl das Schicksal der Gebäude besiegelt. Wie es mit der Ruine weitergeht, ist trotz allem ungewiss.

Das besondere Erlebnis

Auch wenn Eisenhüttenstadt stadtgeschichtlich einiges zu bieten hat, muss sich die nähere Umgebung keinesfalls verstecken. Neben dem Kloster und Barockgarten Neuzelle empfiehlt sich beispielsweise ein Besuch der Oder. Sei es, um die Natur zu genießen oder eine Radtour entlang des Wassers zu machen. Möglichkeiten gibt es hier viele.

Frischer Wind, der leider zu spät hereingelassen wurde.

21

HEREINSPAZIERT!

Winterquartier des DDR-Staatszirkus

Manche Orte kennt man bereits aus Kindertagen und erinnert sich, dass man schon damals hinter die geheimnisvollen Kulissen schauen wollte.

Hoppegarten, Landkreis Märkisch-Oderland, Brandenburg **ORT** Rennbahnallee 117, 15366 Hoppegarten **GPS** 52.503011, 13.661484 **ANFAHRT** Mit der S5 kann man bis Hoppegarten fahren und von dort den Bus 942 bis zur Haltestelle »Hoppegarten, Median Klinik« nehmen. Von dort sind es noch etwa 200 Meter zu Fuß. Nimmt man den Pkw, fährt man auf der B1 Richtung Müncheberg/Seelow und biegt in Hoppegarten links auf die Rennbahnallee ab.

An diesem unscheinbaren Ort waren einmal exotische Tiere zuhause.

↑ Wird uns hier etwa »baumhoch« am lebenden Objekt erläutert?

↗ Türkis war einmal, jetzt ist Grau angesagt.

KINDHEITSERINNERUNGEN WERDEN WACH In unmittelbarer Nachbarschaft zu einer Siedlung mit erst vor Kurzem gebauten Einfamilienhäusern findet sich dieser Lost Place in zweiter Reihe der B1/5, der größten Berliner Ausfallstraße in Richtung Osten. Beim ersten Blick auf das Gelände macht sich etwas Verwunderung breit. Was sieht man da eigentlich vor sich? Vielleicht die Überreste eines alten Wasserwerks? Oder eine Art Globe Theatre wie in London? Oder gar ein überdimensioniertes Diorama? ... Sollte man einen Blick ins Gebäudeinnere erhaschen können, hat das Rätselraten plötzlich ein Ende. Die Manege verrät es.
Ein festes, mit Blech verkleidetes Zirkuszelt sieht man tatsächlich nicht alle Tage. Kurz nach diesem Erkenntnisgewinn werden alte Erinnerungen wach. Die tagelange Aufregung vor dem Zirkusbesuch, der besondere Duft im Zelt und die vielen Ausrufe des Erstaunens während der Vorstellung. Es gibt nur wenige Orte, an denen man so oft »Oh« und »Ah« von Kindern und Erwachsenen gleichzeitig vernimmt. All das strömt hier unweigerlich auf einen ein.

STELLPLATZ FÜR DIE KALTE JAHRESZEIT Berlin galt lange Zeit als Zirkusstadt. Vor dem Zweiten Weltkrieg gab es zahlreiche feste Gebäude, in denen das ganze Jahr über Vorstellungen gegeben wurden. Mit dem Ende des Krieges stand keines mehr. Man griff nun vermehrt auf Chapiteaus, transportable Zirkuszelte zurück. Diese sind zwar flexibel einsetzbar, können aber nicht ganzjährig bespielt werden. Für die Winterzeit musste also ein Quartier gefunden werden.

ZIRKUS-ELITE DER DDR Ein ebensolches befand sich gut 30 Jahre in Dahlwitz-Hoppegarten. Die Planungen dafür begannen 1961 und wurden ab 1963 in die Tat umgesetzt. Das Gelände sollte dem VEB Zentralzirkus Unterschlupf in der kalten Jahreszeit bieten und zu einem der modernsten Zirkus-Winterquartiere in Europa werden. Der volkseigene Betrieb (VEB) bestand aus den drei

Der Stall mag gewöhnlich sein, seine damaligen Bewohner waren es keineswegs.

ehemals privaten Unternehmen Barlay (danach Olympia und Berolina), Busch und Aeros. Auf dem Areal nahe der Galopprennbahn wurden Gebäude für Stallungen, Werkstätten, Wohnungen, Kantine und die Verwaltung errichtet. Das weitreichende Gelände wurde unter dem Namen »Objekt 1« geführt und ist inzwischen zu großen Teilen einem Gartencenter gewichen.

UMFASSENDE ERWEITERUNG Das erwähnte feste Zirkuszelt befindet sich auf dem »Objekt 2« genannten Grundstück, das 1965 auf der gegenüberliegenden Straßenseite entstand. Zu einem bereits bestehenden Stall gesellten sich nun Hallen für Ausrüstung, Futtermittel und zum Unterstellen von Zirkuswagen. 1967 kam dann die Probemanege hinzu, die sich aus Teilen des festen Zirkus-

Die alte Probemanege konnte auch im Winter fürs Training genutzt werden. In ihrem früheren Leben war sie mal ein fester Zirkusbau.

baus von Barlay zusammensetzte. Dieser stand 1948 bis 1963 in der Friedrichstraße, wo viele Jahre später der Friedrichstadt-Palast erbaut wurde. Der ursprüngliche Holzbau wurde 1982 um eine Stahlkonstruktion erweitert. Ebenso kam der äußere Ringanbau mit Sanitär-, Technik- und Aufenthaltsräumen hinzu. Die Manege konnte nun beheizt und somit auch in der Winterzeit von den Artisten fürs Training genutzt werden.

SCHICKSAL BESIEGELT Mit der Wende kam das Aus für den VEB Zentralzirkus. Wie viele andere Institutionen wurde auch diese abgewickelt. Die Namensrechte wurden verkauft, Mitarbeiter entlassen, Tiere an Zoos und Zirkusse abgegeben und das Land veräußert. Seit 2012 steht das ehemalige »Objekt 2« unter Denkmalschutz. Der aktuelle Besitzer hat in unmittelbarer Umgebung ein Café eröffnet. Ob er den einstigen Stallungen und der Manege ebenfalls neues Leben einhauchen wird, steht in den Sternen. Aber eines ist sicher, exotische Tiere wie Affen, Elefanten und Giraffen wird man hier wohl nicht mehr beim »Tag der offenen Tür« bestaunen können.

Das besondere Erlebnis

Die am Ende der Straße gelegene Rennbahn ist sportlich betrachtet vielleicht nichts für jedermann. Das Gelände mit seiner besonderen Architektur sollte jedoch nicht links liegen gelassen werden. Noch deutlich weitläufiger ist das nahegelegene Erpetal, das zu fast jeder Jahreszeit zu einer Wanderung durch die Natur einlädt.

Dieses Haus hat seine besten Zeiten bereits hinter sich und fiel politischen Entscheidungen zum Opfer (Kapitel 26).

BESONDERE ORTE

Es sieht aus wie ein Raumschiff aus Beton: Der «Mäusebunker» in Berlin Lichterfeld.

22

BRUTALISTISCHES RAUMSCHIFF OHNE ANTRIEB

Der Mäusebunker in Lichterfelde

Scharfkantig, abweisend, fast außerirdisch – der Mäusebunker in Berlin-Lichterfelde ist ein Monolith aus Beton. Einst ein Tierlabor der Charité, heute leerstehend und umkämpft. Ein brutalistisches Bauwerk zwischen Grauen, Genie und Gegenwartskunst.

ORT Krahmerstraße 1–3, 12207 Berlin (Bezirk Steglitz-Lichterfelde) **GPS** 52.436900, 13.314400
ANFAHRT S-Bahn S25 bis Lichterfelde Süd, dann ca. 10 Minuten Fußweg. Alternativ Bus M85 bis Krahmerstraße.

DAS RAUMSCHIFF IN LICHTERFELDE

Man steht vor ihm und denkt: Das kann nicht Berlin sein. Eher eine Kulisse aus «Blade Runner» oder ein Bunkersilo auf dem Mars. Doch nein, hier in Lichterfelde, zwischen Wohnblocks, Kliniken und Kleingarten-idylle, steht er als einzigartiges Zeitzeugnis: der «Mäusebunker». Sein offizieller Name klingt harmlos: Zentrales Tierlaboratorium der Freien Universität Berlin. Doch nichts an diesem 117 Meter langen und 38 Meter hohen Bau ist harmlos. Er ist eine Betonpyramide mit Zacken, Schlitzen, schrägen Wänden. Roh. Dunkel. Irgendwie gruselig. Der Beton wirkt kalt, feindlich, zugleich aber auch faszinierend.

EINZIGARTIGE ARCHITEKTUR In den 1960er-Jahren begannen erste Planungen für ein neues Tierlaboratorium. Die damaligen Tierställe der Uni-Klinik Steglitz wurden den wachsenden Anforderungen nicht mehr gerecht. In den Bereichen Pharmakologie, Physiologie und anderen Fachgebieten bestand jedoch eine wachsende Nachfrage nach dem Einsatz lebender Tiere für experimentelle Studien. Bereits im antiken Griechenland wurden Versuche an Tieren vorgenommen, um etwa das menschliche Herz zu studieren. Im 19. Jahrhundert wurden Versuchstiere dann für die Herstellung von Seren und Impfstoffen u.a. von Robert Koch und Louis Pasteur verwandt. Bevor mit dem Bau überhaupt begonnen werden konnte, musste der sumpfige Untergrund für den tonnenschweren Betonkoloss zunächst erstmal vorbereitet werden. Dazu wurden insgesamt 1300 Betonpfeiler in das Schwemmgebiet am Teltowkanal gerammt und die Grube mit einer riesigen Schicht Sand gefüllt. Der Mäusebunker wurde dann ab 1971 nach den Plänen von Gerd und Magdalena Hänska erbaut. Seine Form folgt konsequent der Funktion. Er musste hermetisch abgeschlossen sein, um Keime, Krankheitserreger und Allergene fernzuhalten – sowohl zum Schutz der Forschenden als auch der Versuchstiere. Fenster wären ein hygienisches Risiko gewesen. Deshalb hat der Mäusebunker keine. Stattdessen wurde er wie ein autarker Körper konzipiert: Innen Überdrucksysteme, außen Belüftungsröhren, die aussehen, als stammten sie von einem Raumschiff. Diese Rohre, die aus der Fassade ragen, sind die sichtbaren Atemwege des Gebäudes – Teil der ausgeklügelten Klimatisierung, die jede Etage separat mit Frischluft versorgte. Für die 1970er-Jahre war das eine technische Sensation.

ABGESCHOTTETE EXPERIMENTE Die schrägen Außenwände waren keine Spielerei, sondern ein Schutz. Sie verhindern, dass Regen an der Fassade hinunterläuft und

Schmutzspuren hinterlässt. Alles hier hatte einen Zweck. Selbst die Nieten und Schrauben an den Belüftungsgittern wurden bewusst sichtbar gelassen – als architektonisches Statement des Brutalismus. Form und Material zeigen, was sie sind. Kein Schmuck, kein Putz, nur Beton, Stahl und Funktion. Im Inneren arbeiteten über 250 Menschen – Tierpfleger, Techniker, Wissenschaftler. In rund 10 000 Käfigen wurden Mäuse, Ratten, Meerschweinchen und Kaninchen gehalten. Der Mäusebunker war Teil eines medizinischen Komplexes: Gegenüber befand sich das Institut für Hygiene und Mikrobiologie, mit dem der Bau über unterirdische Versorgungsgänge verbunden war. Dort wurden Forschungsprojekte zur Immunologie, Krebsbekämpfung, Infektionsmedizin und Organtransplantation durchgeführt. Die Versuchstiere lieferten Daten für zahlreiche Studien, die bis heute in der medizinischen Forschung eine Rolle spielen. Doch das Gebäude hatte auch eine ethische Dimension, die man heute kaum ausblenden kann. Die sterile Strenge, die hermetische Abgeschlossenheit – all das wirft Fragen auf. Was bedeutete es, dass man für wissenschaftlichen Fortschritt einen Betonbunker brauchte, der alles Leben aussperrte? Sind Tierversuche überhaupt noch zeitgemäß?

NACH DER WENDE Nach der Wiedervereinigung übernahm die Charité das Gebäude. In den 1990er-Jahren wurde der Betrieb modernisiert, aber die Grundstruktur blieb unverändert. Neue gesetzliche Standards und wachsende ethische Bedenken ließen den Bau schließlich unzeitgemäß erscheinen. 2020 verließen die letzten Mäuse den Mäusebunker. Seither steht das Gebäude leer, in einer seltsamen Zwischenzeit – zu speziell, um es umzunutzen, zu bedeutend, um es abzureißen. Anfangs wollte die Charité den Abriss. Die Betriebskosten waren

Der Betonbunker wirkt kalt, feindlich, aber irgendwie auch faszinierend.

Die Belüftungsröhren unterstreichen den Eindruck eines Raumschiffes.

hoch, die Sanierung kaum zu stemmen. Doch dann entdeckte eine neue Generation von Architekturliebhabern den Bunker für sich. Für sie war er kein Schandfleck, sondern ein Denkmal. 2021 gründete sich eine Initiative, die mit Ausstellungen und Kunstaktionen auf den Wert des Gebäudes aufmerksam machte. Die Fassade wurde zur Leinwand, Fotografen inszenierten den Ort, Künstler verwandelten ihn in ein Symbol des Unangepassten. Und die Bewegung hatte Erfolg: 2023 stellte das Land Berlin den Mäusebunker unter Denkmalschutz.

STILLER ZEITZEUGE Heute ist er still. Doch man spürt, dass er noch lebt. Wenn man dicht an die Wände tritt, hört man den Wind in den alten Lüftungsröhren pfeifen – wie den Atem eines schlafenden Kolosses. Man kann nicht sagen, ob der Ort einem Angst macht oder Ehrfurcht einflößt. Vielleicht beides. Er ist wahrlich kein Ort der Schönheit im klassischen Sinn. Aber er erzählt von einer Zeit, in der man glaubte, die Welt kontrollieren zu können – bis in ihre kleinsten biologischen Prozesse. Der Mäusebunker war der Versuch, Wissenschaft in Architektur zu gießen. Heute ist er Mahnmal und Kunstobjekt zugleich. Und für uns einer dieser Orte, die bleiben. Weil sie unbequem sind. Weil sie ehrlich sind. Und weil sie etwas erzählen, das wir sonst längst vergessen hätten.

DAS BESONDERE ERLEBNIS Die Firma ticket b bietet regelmäßig Architekturführungen in Berlin an. So z. B. auch «Beton und Visionen: Faszination Brutalismus», bei dem der Mäusebunker mit dabei ist.

23

FUTURISTISCHER GRUSS AUS DEN 1970ERN

Bierpinsel Steglitz

Ein besonderes Stück Stadtarchitektur sucht seit Jahren nach seiner Bestimmung, während die Berliner ihm namenstechnisch bereits ein Denkmal gesetzt haben.

Steglitz-Zehlendorf, Berlin, **ORT** Schloßstraße 17, 12163 Berlin, **GPS** 52.461630, 13.325090
ANFAHRT Am schnellsten und einfachsten mit der U9 bis zur Station Schloßstraße. Die Buslinien 186, 282, M48 und M85 bringen einen ebenfalls direkt ans Ziel.

Das futuristische Antlitz des Gebäudes erregte damals wie heute Aufsehen.

Der Bierhahn wurde hier schon vor etlichen Jahren zugedreht.

DER TURMBAU ZU STEGLITZ Kunterbunt und eckig-rund ragt dieses seltsame Gebäude auf der Schloßstraße in die Höhe. Man überlegt kurz, sich die Augen zu reiben, da man ohne entsprechendes Hintergrundwissen oder als Berlin-Besucher nicht sofort weiß, was man da eigentlich vor sich hat. Der futuristisch anmutende Turm in Pop-art-Optik scheint mehr oder weniger aus der Joachim-Tiburtius-Brücke herauszuragen. Man könnte ihn auch für ein übergewichtiges Ufo halten, das von einem noch unerfahrenen Ingenieur konstruiert wurde.

KLEINER BRUDER DES ICC Das 47 Meter hohe Objekt entstand zwischen 1972 und 1976 nach den Entwürfen des Berliner Architektenpaars Ralf Schüler und Ursulina Schüler-Witte, das auch für das ikonische Internationale Congress Centrum Berlin (ICC Berlin) verantwortlich zeichnet. Mit dem Bau wollten die beiden den visuellen Fokus von der Hochstraße nehmen, die zu dieser Zeit wie ein Fremdling wirkte und nicht so recht in die Gegend passen wollte. Das Ziel scheinen sie erreicht zu haben, denn ab jetzt zog der Turm die ganze Aufmerksamkeit auf sich.

NOMEN EST OMEN Die Berliner verpassten der auffälligen Immobilie bereits während ihrer Entstehung den noch immer populären Namen »Bierpinsel«. Angeblich ähnelte der Rohbau einem Rasierpinsel, hinzu kam die geplante gastronomische Nutzung. Als dann zur Eröffnung als

Der Arbeit verschiedener Street-Art-Künstler sei Dank, kommt dieser Turm überaus farbenfroh daher.

»Turmrestaurant Steglitz« am 13. Oktober 1976 auch noch Freibier ausgeschenkt wurde, war der Spitzname gesetzt. Die Architekten ließen sich bei ihrem Entwurf übrigens von einen Baum inspirieren.

HÄUFIGE NUTZERWECHSEL Das futuristische Gebäude hatte keinen guten Start und wurde schon in den 1970er-Jahren als »Pleitebau« bezeichnet. Entgegen allen Hoffnungen dauerte es recht lange, einen passenden Erstmieter zu finden. Ein Geschäftsmann richtete hier schließlich mehrere Gastronomiebetriebe ein. In der untersten Etage befand sich ein Bier- und Weinlokal, in der darüber liegenden ein Steakhaus und ganz oben – über zwei Ebenen verteilt – ein Café. Im Turm-Café wurde sogar wöchentlich eine recht erfolgreiche Radiosendung des RIAS aufgezeichnet.
1980 zog dann die Restaurantkette »Wienerwald« in den Turm, die sich aber auch nicht lange halten konnte. Gleiches galt für die Unternehmen, die folgten. Die Besitzer wechselten häufig, niemand etablierte sich dauerhaft. Die Zeit hinterließ indessen ihre Spuren. Im Innen- und Außenbereich wurde eine Sanierung immer unausweichlicher, was zu einer vorübergehenden Schließung im Jahr 2002 führte. 2003 zog bereits der nächste Besitzer ein.

DES TURMES NEUE KLEIDER Obwohl es im Winter 2010/11 zu einem Rohrbruch mit großem Wasserschaden kam, wurde die Fassade des Gebäudes im Frühjahr 2011 von Street-Art-Künstlern neu gestaltet und die Sanierung aufgeschoben. Was nur vorübergehend gedacht war, ist noch heute zu bewundern. Eine Wiederherstellung des ursprünglichen Zustands mit rotem Anstrich wird aber nach wie vor angestrebt. Vor allem, da der Bierpinsel seit 2017 unter Denkmalschutz steht.

DAS ENDE VOM STEGLITZER LIED Nachdem der Verkauf des berühmten Gebäudes über Sotheby's im Jahr 2017 scheiterte, konnte 2021 nun endlich ein Investor gefunden werden. Der Turm soll zukünftig als Bürofläche und Außenstelle der Freien Universität sowie für Events und Gastronomie genutzt werden. Bis mit dem Umbau begonnen werden kann, sollen Zwischennutzungen möglich sein.

Das besondere Erlebnis

Nicht wirklich weit vom Bierpinsel entfernt, liegt der Botanische Garten mit seinem Museum und der Königlichen Gartenakademie. Wer es weniger exotisch mag, dem sei die Domäne Dahlem empfohlen. In diesem Freilichtmuseum kann man mehr über lokale Landwirtschaft und gesunde Ernährung erfahren. Beide Orte eignen sich hervorragend für eine kleine Flucht aus dem Alltag.

Der Berliner Bär scheint auch ein Faible für Farben zu haben.

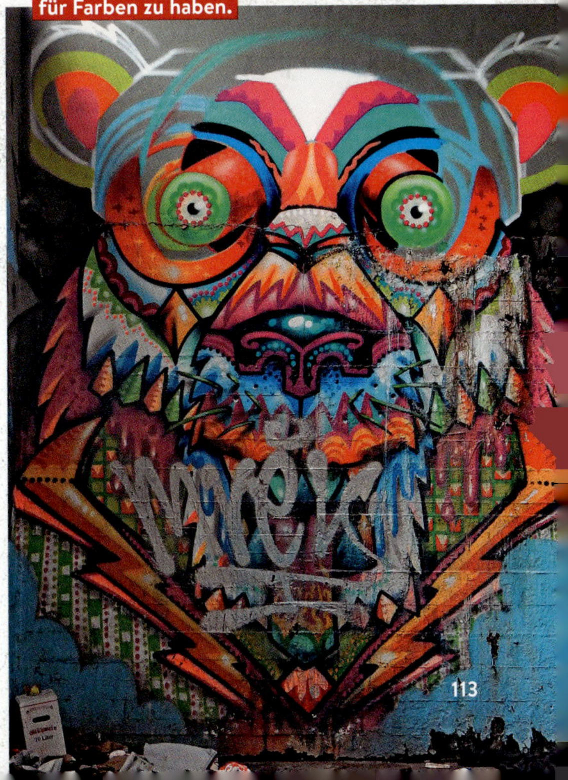

Form und Farbe der ehemaligen Raststätte Dreilinden sind recht ungewöhnlich.

24

BESONDERE BERLINER ZUGANGSKONTROLLE

Checkpoint Bravo in Dreilinden-Drewitz

So farbenfroh wie sich dieser Gebäudekomplex an der Berliner Stadtgrenze präsentiert, ist seine Geschichte bei Weitem nicht.

Steglitz-Zehlendorf, Berlin **ORT** Potsdamer Chaussee 61A-63, 14109 Berlin **GPS** 52.416475, 13.195461 **ANFAHRT** Mit dem Auto der B2/5 in Richtung Potsdam/Nauen folgen; auf Höhe des U-Bahnhofs Kaiserdamm auf den Messedamm zur A100 nach Dresden/Magdeburg/Leipzig abbiegen und kurz darauf auf die A115 wechseln. Direkt nach dem Autobahnkreuz Zehlendorf befindet sich das Ziel auf der rechten Straßenseite. Mit dem ÖPNV bis zum Bahnhof Berlin-Wannsee und von dort entweder 20 Minuten Fußweg oder drei Bushaltestellen mit Bus 118/620 bis Isoldestraße

VERSPIELT IN SZENE GESETZT Wer Berlin mit dem Auto gen Westen verlässt, sieht kurz vor dem Verlassen der Stadt unweigerlich rot. Das poppig schillernde, quer über die A115 laufende Brückenhaus und die angrenzenden Bauten nahe des »Zehlendorfer Kleeblatts« ziehen alle Aufmerksamkeit auf sich. Dabei fällt auf, dass die Gebäude ihre besten Tage bereits hinter sich haben und augenscheinlich nicht mehr genutzt werden. Die Farbe ist verblasst, der Putz blättert teilweise ab und an einigen Stellen wachsen Sträucher.

US-AMERIKANISCHES VERMÄCHTNIS
Das Areal lag zu Zeiten des Kalten Krieges in der Obhut der amerikanischen Besatzungsmacht und trug den Namen Checkpoint Bravo. Daneben gab es zwei weitere Kontrollpunkte, die von den US-Alliierten genutzt wurden. Auch diese beiden wurden nach dem in der Luftfahrt zum Buchstabieren genutzten NATO-Alphabet benannt. Bei Checkpoint Alpha handelte es sich um den Grenzübergang Helmstedt-Marienborn und Checkpoint Charlie stand für den Berliner Grenzübergang an der Friedrichstraße.
Die Bezeichnung Checkpoint wurde verwendet, da die damaligen Westmächte die Grenze anfänglich nicht anerkannten. Dies änderte sich auch nicht durch den 1973 in Kraft getretenen Grundlagenvertrag, in dem die Bundesrepublik Deutschland und die DDR erklärten, ihre gegenseitigen Grenzen zu achten. Diese Veränderung galt nämlich nur für die innerdeutsche, nicht jedoch für die Berliner Grenze.

STÖRENDER STRASSENVERLAUF Bis zum Jahr 1969 befand sich der Kontrollpunkt noch in Albrechts Teerofen. Der Umzug war durch die neue, von der DDR veranlasste

Zum Checkpoint Bravo gehörten auch zwei Tankstellen. Eine von beiden ist hier zu sehen.

Streckenführung der Autobahn erforderlich geworden. Die Trasse machte zuvor einen unerwünschten Knick, der mehr als 3 Kilometer über DDR-Gebiet verlief. Mit der Verlegung wurde der einstige Abschnitt stillgelegt. Die ehemals als Grenzpunkt genutzte Autobahnbrücke über den Teltowkanal blieb bestehen und kann nach wie vor besucht werden.

AUFFÄLLIGE GRENZARCHITEKTUR Die neue Grenz- und Kontrollanlage wurde zwischen 1968 und 1972 erbaut. Sie besteht aus einer Brücke in H-Form, dem eigentlichen Zollgebäude, der Raststätte in Turmbauform, zwei Tankstellen und den Abfertigungseinrichtungen mit Lkw-Verplombungsrampen. Obwohl die Stahlbetonbauten funktional und äußerst schlicht gehalten waren, fielen sie dank ihrer roten Farbe auf. Dies war vermutlich gewollt, um den eintönigen Anlagen und dem bedrückenden Prozedere auf DDR-Seite etwas entgegenzusetzen.

LANGSAMER TOD Die Raststätte wurde bereits Ende der 1970er-Jahre von einem Imbiss abgelöst, um den Grenzfluss zu beschleunigen. Die beiden identischen Tankstellenbauten sind ebenfalls seit langer Zeit verwaist. Trotz alledem blieb der Checkpoint

↓ Wo früher Fahrzeuge kontrolliert wurden, pfeift heute nur noch der Wind.

↘ Die Zeit steht hier nicht erst seit gestern still.

Hier hat man schon vor Langem erkannt, dass fossile Brennstoffe keine Zukunft haben.

Bravo einer der bedeutendsten Grenzübergänge während der deutsch-deutschen Teilung. Erst mit der Wiedervereinigung verlor er seine Bestimmung. Die unter Denkmalschutz stehenden Gebäude verwaisen inzwischen seit vielen Jahren.

LEISE ZUKUNFTSMUSIK IN VIELERLEI TONLAGEN Für das Gelände gab es über die Jahre schon eine ganze Reihe neuer Nutzungsideen. Die Rede war bereits von einem Hotel, einem Restaurant, einer Disco, einem Showroom für Maschinen, einem Oldtimerdepot etc. Wie für derartige Immobilienprojekte üblich, wird der Schwarze Peter für das Misslingen all dieser Vorhaben regelmäßig zwischen dem jeweiligen Investor und dem Bezirksamt hin- und hergeschoben. Eine wichtige Rolle spielt in diesem Zusammenhang wohl auch der Denkmalschutz. Am Erscheinungsbild darf nicht gerüttelt werden. An- und Neubauten sind nicht erlaubt. Dass dies die Zukunft der ehemaligen Autobahnraststätte noch ungewisser macht, kann nicht abgestritten werden.

Das besondere Erlebnis

Diese Tour sollte man in jedem Fall mit einem Ausflug zum Wannsee krönen. Dabei hat man je nach Wetterlage die Wahl zwischen dem Besuch eines Museums oder einer Fahrt ins Blaue. Für Wissenshungrige bieten sich die Liebermann-Villa und das Haus der Wannsee-Konferenz an. Möchte man lieber frische Luft schnappen, empfiehlt sich eine Wanderung über die Pfaueninsel, eine Bootstour mit der BVG-Fähre oder ein Sprung ins kühle Nass des Strandbads.

25

BERLINER TOR ZUR WELT

Flughafen Tegel

Mit zehn Jahren Verspätung endete der Luftverkehr am ehemals größten Berliner Flughafen am 8. November 2020 in Tegel.

Reinickendorf, Berlin **ORT** Flughafen Tegel 1 Zugang ZKS-I, 13405 Berlin **GPS** 52.554254, 13.291382 **ANFAHRT** Möchte man an einer der Führungen teilnehmen, nutzt man für die Anreise am besten den öffentlichen Nahverkehr. Die Buslinien 109 und 128 bringen einen direkt ans Ziel, also bis zur Endhaltestelle »Urban Tech Republic«. Eine Anfahrt mit dem Pkw ist dank der Parkplätze vor Ort ebenfalls möglich.

Flugzeuge werden hier künftig nicht mehr in die Luft gehen.
Dafür gibt es ganz viel Freiraum für neue Ideen.

NEUE SICHT AUF ALTE DINGE Es ist schon ein seltsames Gefühl, das Gelände des ehemaligen Flughafens Berlin-Tegel zu besuchen. Ist man nicht eben noch von hier in den lang ersehnten Jahresurlaub geflogen? Drängelte man sich nicht erst neulich noch gut erholt in den TXL-Bus und sehnte sich sofort an seinen Urlaubsort zurück? Und wie schmeckte noch mal die Currywurst an dem Imbiss, der in einem alten S-Bahn-Waggon untergebracht war?
Betritt man jetzt das Gelände, gelangt man plötzlich an Orte, die vorher nur für das Flughafenpersonal zugänglich waren. Man spaziert auf dem Rollfeld umher, steht direkt unter dem Tower, erkundet riesige Lagerhallen – und kommt aus dem Staunen fast nicht heraus. Der Blickwinkel ist ein ganz neuer und bietet viel Raum für ungeahnte Entdeckungen.

VOM JAGDREVIER ZUM RAKETENSCHIESSPLATZ Bevor das Gelände dem Luftverkehr diente, war es Teil der Jungfernheide. Es diente zu Zeiten Preußens als Jagdgebiet und Schießplatz. Anfang des 20. Jahrhunderts wurden hier Luftschiffe in einer großen Halle hergestellt. Deren Schicksal wurde jedoch mit dem Versailler Friedensvertrag besiegelt, der dem Deutschen Reich

↓ Aktuell wird nichts angeliefert. Das wird sich aber schon bald wieder ändern.

↘ In Tegel kann man tatsächlich Licht am Ende des Tunnels sehen.

Am ehemaligen Flughafen Tegel kommen selbst Liebhaber von Dreiecken voll auf ihre Kosten.

nach dem Ende des Ersten Weltkrieges den Wiederaufbau seiner Luftstreitkräfte untersagte. 1930 begann man, das Areal für Tests mit Raketen und anderen Flugkörpern zu nutzen. An den Versuchen war auch Wernher von Braun beteiligt, der trotz seiner NS-Vergangenheit in den USA später ein Pionier der Raumfahrt wurde.

AUSWIRKUNGEN DES ZWEITEN WELTKRIEGS Der Zweite Weltkrieg hinterließ seine Spuren auf dem weitläufigen Gelände. Überall fanden und finden sich noch immer Munitionsreste. Infolgedessen entschied man sich auch gegen die Errichtung einer Wohnsiedlung. Im Sommer 1948 erlangte das Areal dann im Rahmen eines anderen bedeutenden Ereignisses Berühmtheit. Während der Blockade West-Berlins durch die sowjetischen Besatzer errichteten die in diesem Teil Berlins agierenden Franzosen in nur 90 Tagen einen Flugplatz mit der damals längsten Start- und Landebahn Europas. Aufgrund des besonderen Status der Stadt Berlin während des konfliktgeladenen Kalten Krieges durfte der Flugplatz nur von Fluggesellschaften der westlichen Alliierten, also der amerikanischen, britischen und französischen Zone angeflogen werden. Air France legte im Januar 1960 mit ihrem ersten Linienflug den Grundstein für den zivilen Flugverkehr in Tegel, PanAm folgte im Mai 1964. Wegen der fortschreitenden Überlastung des Flughafens Tempelhof zogen in den Folgejahren alle großen Fluggesellschaften nach Tegel um.

GANZ BESONDERE ARCHITEKTUR In den Jahren 1969 bis 1975 wurde dann das berühmte, von den drei Architekturstudenten Meinhard von Gerkan, Volkwin Marg und Klaus Nickels entworfene, sechseckige Terminalgebäude errichtet. Hauptaugenmerk lag dabei auf einem möglichst kurzen und schnellen Weg zum Flugzeug. Die Fertigstellung dieses sogenannten Drive-In-Airports erfolgte – man kann es kaum glauben – pünktlich und die Baukosten lagen sogar unter den kalkulierten 450 Millionen D-Mark. Da das Passagieraufkommen stetig stieg, dachte man bereits Ende der 1980er-

Jahre über den Bau eines weiteren Terminals und die Einrichtung eines U-Bahnhofs nach. Beides wurde aufgrund politischer Widerstände jedoch nicht realisiert, wobei der U-Bahnhof Jungfernheide sogar entsprechend präpariert war. 1988 erhielt der Flughafen dann den Namen »Otto Lilienthal«.

ENDE DER RESTRIKTIONEN UND DES AIRPORTS Durch die Wiedervereinigung beider deutscher Staaten wurden die ortsspezifischen Einschränkungen aufgehoben. Der Flughafen Tegel konnte fortan auch von deutschen Fluggesellschaften bedient werden. Gleichzeitig begannen die Pläne für einen neuen Berliner Großflughafen. Auch wenn dadurch ein Ausbau des bestehenden Flughafens ad acta gelegt und das Ende des TXL besiegelt wurde, machten die jährlich wachsenden Passagierzahlen und die Verzögerungen beim Bau des neuen Flughafens BER diverse Erweiterungsbauten erforderlich. Neben dem bereits bestehenden Terminal A kamen über die Jahre noch Terminal B bis E hinzu.
Der Flughafen wurde zuletzt von 22 Millionen Menschen jährlich genutzt. Im Durchschnitt startete oder landete zwischen 6 und 23 Uhr alle 2 Minuten ein Flugzeug. Das Gelände mit seinen 130 Gebäuden und Anlagen steht seit April 2019 unter Denkmalschutz – und ist nun Geschichte. Am 8. November 2020 startete der letzte reguläre Flieger. Am 5. Mai 2021 wurde der Flughafen entwidmet. Derzeit wird nur noch Tegel Nord für den Hubschrauber-Flugbetrieb der Bundeswehr genutzt.

BEGINN EINES NEUEN KAPITELS In den nächsten Jahren soll das einstige Flughafengelände zu einem Zukunftsort werden. Die Nachnutzung sieht die Umwandlung in ein Forschungs- und Industrieareal sowie die Errichtung eines riesigen Wohnquartiers in Holzbauweise vor. Es sollen 1000 Firmen mit 20 000 Arbeitsplätzen entstehen. Man möchte das Areal als Paradebeispiel für die Stadt der Zukunft nutzen.

Die Natur wittert ihre Chance und verspricht eine grüne Zukunft.

Das besondere Erlebnis

Der Museumsdienst Berlin (www.museumsdienst.berlin) bietet zweistündige Führungen über das Gelände an. Während des rund 3 Kilometer umfassenden Spaziergangs betritt man das alte Flughafengelände und erfährt nicht nur Interessantes über seine Vergangenheit, sondern wird auch umfassend über den aktuellen Stand der geplanten Nachnutzung informiert.

Mit den hier hergestellten Glasprodukten kam jeder DDR-Bürger früher oder später in Berührung.

26

STILL RUHT DAS DORF

Alter Ort Haidemühl

In der Lausitz zeugt ein ganzes Dorf von den Ausmaßen der jüngsten Industriegeschichte Deutschlands. Und der Stein – oder besser Energieträger – des Anstoßes ist nach wie vor Objekt vieler Kontroversen.

Welzow, Landkreis Spree-Neiße, Brandenburg **ORT** Hauptstraße 1, 03130 Welzow **GPS** 51.551013, 14.220634 **ANFAHRT** Am besten mit dem Auto: von Berlin über die A13 und später die A15 bis zur Ausfahrt Cottbus-West; von dort auf der B169 in Richtung Drebkau. In Neupetershain Nord, wenige Kilometer nach Drebkau, biegt man links nach Welzow auf die L522 ab. Nach Welzow folgt man der L522 weiter in Richtung Spremberg bis zum Ziel.

VERWAIST UND ALLEIN GELASSEN

Nimmt man für die Fahrt von Welzow nach Spremberg die L522, ist man den Anblick, der sich unterwegs offenbart, entweder schon gewohnt, oder wird völlig davon überrascht. Auf der Strecke fährt man durch ein verlassenes Dorf, das man einfach nicht links liegen lassen kann. Zu verlockend sind all die leer stehenden Häuser, die wohl mehr als nur eine Geschichte zu erzählen haben. Ähnlich ergeht es offensichtlich vielen. Diesen Eindruck erwecken zumindest die anderen Pkw, die bei gutem Wetter recht zahlreich am Straßenrand stehen und Kennzeichen aus Nah und Fern tragen.
Mehrere Wohnhäuser und Fabrikgebäude säumen den Weg. Einige entdeckt man erst auf den zweiten Blick, da sich die Natur bereits ihren Weg gebahnt hat. Aufgrund der Einsturzgefahr sollten die Gebäude aber keinesfalls betreten werden. Der Zahn der Leerstandszeit hat bereits an vielen von ihnen genagt und darf nicht unterschätzt werden. Zahlreiche zerfallene Dächer, eingeschlagene Fenster und tiefe Löcher im Boden zeugen davon.

AM ANFANG WAR DAS GLAS Entscheidend für die Entwicklung des Ortes Haidemühl war die Glashütte des Fabrikanten Johann Christoph Greiner, der diese 1835 gründete. Mit dem Bau seines Werkes und einzelner Arbeiterwohnhäuser legte er den Grundstein für die Siedlung, die in den Folgejahren stetig größer wurde. Haidemühler Zylinder, Hohl- und Parfumgläser waren auch in anderen Landesteilen gefragt. 1900 siedelte sich eine Brikettfabrik in Haidemühl an und ließ die Einwohnerzahl auf mehr als 400 anwachsen. Es wurden weitere Straßen gebaut, der Anschluss ans Bahnnetz realisiert, neue Wohn- und Werksgebäude errichtet und eine Schule eingeweiht. Ende der 1930er-Jahre wohnten nahezu 1500 Menschen im Dorf.

Schornsteine dieser Größe gab es in Haidemühl früher sicherlich zuhauf.

↑ Im Ort stehen auch noch zahlreiche Wohnhäuser, die von den alten Zeiten zeugen.
↗ Eingeschlagene Fenster sind nach den Jahren des Leerstands keine Seltenheit.

RUHM VERGANGENER TAGE Zu DDR-Zeiten war die Glasfabrik Teil des VEB Behälterglas Bernsdorf. Nach umfangreichen Modernisierungsarbeiten Ende der 1960er-Jahre wurde das Unternehmen zum einzigen Hersteller von Halbliter-Milchflaschen, die wohl jedes DDR-Schulkind noch von den Vormittagspausen kennt. Täglich wurden in der Glasfabrik fast 350 000 Flaschen verschiedener Ausführungen produziert. Neben den Schulmilchflaschen gab es noch weitere Glasprodukte, die nur in Haidemühl hergestellt wurden. Der Betrieb gehörte in den 1980er-Jahren zu den fortschrittlichsten seiner Art in der DDR und exportierte auch in den »goldenen Westen«.

VON DER ZUKUNFT EINGEHOLT Der Fall der Mauer besiegelte das Schicksal der Haidemühler Betriebe. Wie im Fall unzähliger DDR-Unternehmen, wurde auch hier die Produktion für beendet erklärt und das Inventar verkauft. Mit der Stilllegung durch die Treuhandanstalt im Jahr 1992 verloren die 1280 Mitarbeiter der Glashütte und die 160 Beschäftigten der Brikettfabrik schließlich ihre Arbeit. Damit war das Trauerspiel jedoch noch nicht beendet. 1993 wurde der Entschluss gefasst, die Gemeinde Haidemühl vollständig aufzulösen. Die Erweiterung des Tagebaus Welzow-Süd, genauer gesagt die Gewinnung von Braunkohle, hatte Vorrang. Jeglicher Widerstand der damals etwa 650 Dorfbewohner war zwecklos; die Pläne zur Umsiedelung waren bereits geschmiedet. Es sollte ein neuer Ort mit demselben Namen nordöstlich von Spremberg entstehen. Die Planung und Erschließung fanden 2001 bis 2003 statt, die Umsiedlung folgte von 2003 bis 2006. Am 1. Januar 2006 wurde die alte Gemeinde Haidemühl offiziell aufgelöst.

NUR TEILWEISE DEVASTIERT Bereits 2004 wurde mit dem Abriss der Gebäude begonnen. Das Areal rund um die ehemalige Brikettfabrik ist bereits komplett verschwunden.

2018 erreichte der Tagebau die einstige Gemeinde. Ein Großteil wurde überbaggert. Aufgrund ungeklärter Eigentumsverhältnisse, die vermutlich aufgrund von Enteignungen während der NS-Zeit bestanden, existieren das Glaswerk und zahlreiche Wohngebäude hingegen noch immer. Früher oder später werden auch diese Überbleibsel den Baggern weichen müssen.

Das besondere Erlebnis

Trotz des recht traurigen Hintergrunds – oder vielleicht auch eben drum – sollte dem Tagebau Welzow-Süd bei diesem Ausflug ebenfalls ein Besuch abgestattet werden. Rund um das Gelände gibt es diverse Aussichtspunkte, die erkundet werden wollen. Ein Weinberg ist tatsächlich auch dabei.

Die vielen Fabrikgebäude verwahrlosen immer mehr …

… und sind so unweigerlich dem Verfall preisgegeben.

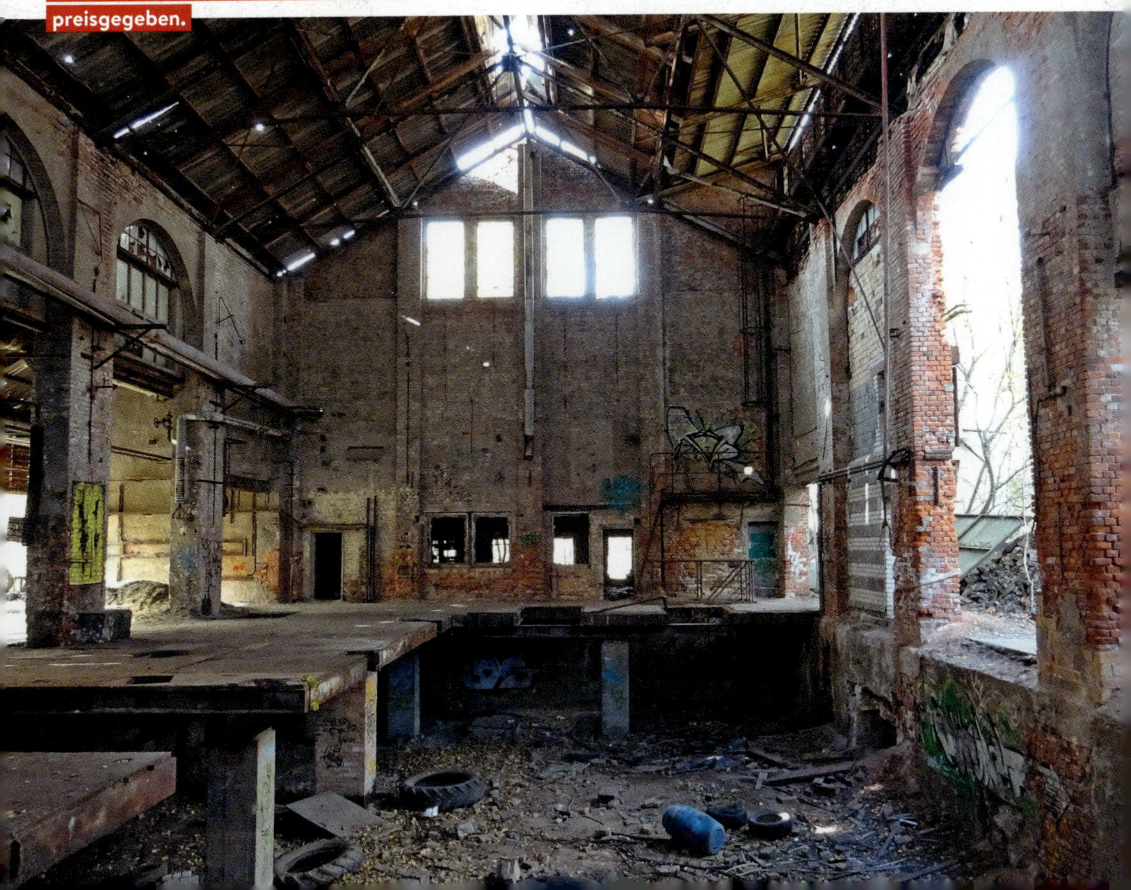

27

GUT BEHÜTET

Hutfabrik Luckenwalde

In der beschaulichen Stadt Luckenwalde stehen vielerorts Wohngebäude und Fabrikanlagen leer. Mitten im Industriegebiet fällt ein besonderes Gebäude auf. Die ehemalige Hutfabrik mit seiner charakteristischen Hut-Architektur steht seit Jahren leer.

Luckenwalde, Landkreis Teltow-Fläming, Brandenburg **ORT** Industriestraße 2, 14943 Luckenwalde **GPS** 52.0800663, 13.1509932 **ANFAHRT** Mit dem Auto über die B101 bis Luckenwalde; dann links abbiegen auf An den Ziegeleien, rechts auf Anhaltstraße und weiter auf Schieferling und Industriestraße. ÖPNV: Mit RE3 oder RE4 bis Luckenwalde und ca. 25 Minuten zu Fuß.

Die große Färbehalle wurde im Stil eines Fedora-Hutes errichtet.

EINZIGARTIGE ARCHITEKTUR Die ehemalige Hutfabrik der Firma Friedrich Steinberg Herrmann & Co. ist ein Industriebau im Stil des Expressionismus in Luckenwalde. Entworfen wurde die Fabrik von dem berühmten Architekt Erich Mendelsohn, und sie steht heute unter Denkmalschutz. Die Hutfabrik in der Industriestraße wird unter den Einheimischen auch Mendelsohnhalle genannt. Das Areal bestand aus vier Produktionshallen, einem Kessel- und Turbinenhaus, zwei Torbauten und einer Färberei. Am auffälligsten ist zweifelsohne das Gebäude der Färberei. Als letzte Station der Hutherstellung wurde diese in Form eines Fedora-Hutes errichtet. Aber nicht nur die Optik ist einzigartig. Über dem Dachboden wurden zwei nach oben laufende Oberlichter eingesetzt, die ein modernes Entlüftungssystem beinhalteten. Die charakteristische Bauweise avancierte schnell zu einem Wahrzeichen von Luckenwalde.

HÜTE AUS TELTOW-FLÄMING Nach Guben war Luckenwalde Mitte des 19. Jahrhunderts ein wichtiger Standort für die Produktion und Herstellung von Hüten für ganz Deutschland. Es gab zwei große Hutfabriken in der Stadt. Eine von Friedrich Steinberg, gegründet im Jahr 1844, und eine von Gustav Herrmann, gegründet im Jahr 1883. Gustav Herrmann lernte den damals noch unbekannten Erich Mendelsohn Anfang des 20. Jahrhunderts in Berlin kennen. Durch ihn erhielt er seine ersten Aufträge, darunter

Mitte des 19. Jahrhunderts war Luckenwalde ein bedeutender Standort für die Hutproduktion.

Die lichtdurchflutete Färbehalle war die letzte Station in der Hutproduktion.

die Arbeitersiedlung des Luckenwalder Bauvereins sowie den Gartenpavillon der Familie Herrmann. Es entwickelte sich daraus eine langjährige Freundschaft zwischen beiden Familien. Anfang 1921 fusionierten die zwei Hutunternehmen in Luckenwalde zur Friedrich Steinberg Herrmann & Co. Sie waren damit die größte Hutfabrik der Stadt. Da die Kapazitäten der einzelnen Fabriken nicht mehr ausreichten, sollte ein gemeinsamer Fabrikneubau in einem neuen Industriegebiet entstehen. Natürlich war klar, dass Herrmanns langjähriger Freund Erich Mendelsohn mit dem Bau beauftragt wurde. Nach zwei Jahren Bauzeit wurde der Bau im Sommer 1923 vollendet und die Produktion begann. Dort wurden sogenannte Hutstumpen gefertigt, die anschließend in den Stammwerken von Steinberg und Herrmann weiterverarbeitet wurden. Bis 1927 erfolgte der Bau zweier zusätzlicher Lagerbauten.

ZWEITER WELTKRIEG UND DDR Gustav Herrmann starb 1932. Aus Angst vor den Auswirkungen der nationalsozialistischen Rassenideologie verließ Familie Herrmann ein Jahr nach dem Tod von Gustav Deutschland und beendete damit auch die Kooperation mit Steinberg. Die Fabrikgebäude in der Industriestraße wurden an die Norddeutsche Maschinenbau AG verkauft, die hier ab 1935 Luftabwehrwaffen produzierte. Die Färbereiüberdachung wurde abgerissen, um vor eventuellen Bombenangriffen sicher zu sein. Nach dem Krieg dienten die Maschinen als Reparationsleistung. Sie wurden demontiert und in die Sowjetunion verschickt. Die große Halle wurde bis 1956 von der Roten Armee als Reparaturwerkstatt genutzt. Ab 1957 nutzte der neu gegründete VEB Wälzlagerwerk die ehemalige Hutfabrik als Produktionsstätte. Andere Gebäude wurden teilweise komplett umgebaut.

↑ ↗ Die Färbehalle wurde 2011 rekonstruiert, die anderen Fabrikgebäude verkommen jedoch weiter.

NACH DER WENDE Nach dem Fall der Mauer nutzte die Firma DKF Kugelfischer noch für ein Jahr die Betriebsstätte. Danach standen die Gebäude erstmal leer. Die DKF beauftragte dann jedoch ein Architekturbüro mit einer bauhistorischen Untersuchung sowie der Erstellung eines Konzepts zur Instandhaltung und Restaurierung. 1999 wurde ein Förderkreis zum Erhalt der Hutfabrik gegründet. Dank dessen Hilfe konnte die Fabrik teilweise saniert werden. Es gab auch eine Förderung der Deutschen Stiftung Denkmalschutz. Seitdem gab es immer wieder Pläne zur Nutzung der schönen Halle, u. a. als Sortieranlage für Alttextilien oder als Geflügelzuchtanlage. Anlässlich des 50. Todestages von Erich Mendelsohn gab es 2004 die Ausstellung »Erich Mendelsohn und die Hutfabrik in Luckenwalde«. Die Gemeinschaftsinitiative URBAN setzt sich für die wirtschaftliche und soziale Wiederbelebung von Städten und Stadtvierteln ein. Dank Fördermitteln von URBAN konnte die Färbehalle bis 2011 rekonstruiert und die einzigartige Dachhaube wiederhergestellt werden. Die anderen Fabrikgebäude verkommen jedoch weiter. Die Halle ist heute nur zu besonderen Veranstaltungen und Führungen zu besichtigen. Man kann das Gebäudeensemble von der Straße her gut einsehen. Die beiden Torhäuser und das westlich angrenzende Bürogebäude wurden von einem privaten Eigentümer gekauft, der sie jedoch bis heute verfallen lässt.

Das besondere Erlebnis

In Luckenwalde gibt es noch weitere Lost Places zu bestaunen. So zum Beispiel der ebenfalls in diesem Buch erwähnte VEB Beschläge (Kapitel 1).

Dieses Hotel hat seine glorreichen Zeiten offensichtlich schon lange hinter sich.

28

DER PUTZ IST AB

Hotel Lunik in Eisenhüttenstadt

Auch wenn es in Eisenhüttenstadt, der ersten Planstadt der DDR, unzählige Lost Places zu bewundern gibt, sticht das Hotel Lunik dank seiner Schlichtheit auf besondere Art und Weise hervor.

Eisenhüttenstadt, Landkreis Oder-Spree, Brandenburg **ORT** Straße der Republik 35, 15890 Eisenhüttenstadt **GPS** 52.146697, 14.629513 **ANFAHRT** Mit dem ÖPNV, genauer gesagt der RE1, gelangt man am einfachsten nach Eisenhüttenstadt. Dieser hält tagsüber halbstündlich an allen großen Berliner Bahnhöfen und benötigt etwa 90 Minuten bis zum Ziel. Vom Bahnhof in Eisenhüttenstadt über die Beeskower Straße und Lindenallee gelangt man in rund 30 Minuten zu Fuß zum Hotel »Lunik«.

ARCHITEKTONISCHES JUWEL IM OSTEN BRANDENBURGS Spaziert man heute durch Eisenhüttenstadt, gibt es fast an jeder Ecke ein Gebäude, das einen in Staunen versetzt. Das gilt sowohl für die zahlreichen leerstehenden Häuser als auch für die renovierten Wohnbauten. Der Geist des Sozialismus scheint noch nicht vollständig Reißaus genommen zu haben. Die DDR hat sich in den Bauten der Stadt eingenistet.

ZERFALL EINES MYTHOS VOR ALLER AUGEN Nicht unweit des beeindruckenden Rathaus-Ensembles, am Anfang der Lindenallee, sticht einem sofort das ehemalige City Hotel Lunik ins Auge. Einst das erste Haus am Platz, ist es heute dem Verfall preisgegeben. Ein großer, grauer Betonbau mit zahlreichen fehlenden Fensterscheiben und einem zugenagelten Erdgeschoss. Seine vormalige Eleganz lässt sich heute nur noch schwer erahnen. Mittlerweile bröckelt der Putz, der Wind pfeift durch die leeren Zimmer und die Wände dienen als Übungsfläche für junge Graffitikünstler.

BESTE ADRESSE DER STADT Eröffnet wurde das Hotel mit dem aus dem Russischen stammenden Namen »kleiner Mond« im Jahr 1963. Es ist deutlich einfacher gehalten als viele andere Gebäude der Umgebung – und war doch einst gesellschaftlicher Dreh- und Angelpunkt. Neben einem Edelrestaurant befanden sich in dem Hotel die örtliche Diskothek und ein Intershop. Mehr als 30 Jahre wurden hier Gäste aus aller Welt empfangen.

SINNBILD FÜRS SCHEITERN GROSSER IDEEN Die politische Wende brachte das Ende des Hotelbetriebs. Die Zwischennutzung des früheren Cafés als Drogeriemarkt war leider auch nicht von langer Dauer. Das Gebäude steht nunmehr seit Ende der 1990er-Jahre leer. Unter Obhut der Treuhand wechselte es zwar mehrmals den Besitzer – aber jedes Mal ohne jegliche Auflagen und passende Ideen. Nun liegt die Zukunft in den Händen der Gebäudewirtschaft Eisenhüttenstadt.

Das besondere Erlebnis

Eisenhüttenstadt, Deutschlands größtes Flächendenkmal, eignet sich im Grunde zu jeder Jahreszeit für einen Tagesausflug. Beim Flanieren kann man auf eigene Faust die Ideen der sozialistischen Idealstadt entdecken. Ein Besuch des Dokumentationszentrums »Alltagskultur der DDR« (www.utopieundalltag.de) darf dabei auf keinen Fall fehlen. Die ständige Ausstellung beleuchtet das Arbeits- und Privatleben in der ehemaligen DDR aus den verschiedensten Blickwinkeln und gibt so einen umfassenden Einblick in den damaligen Alltag.

In »Erichs Lampenladen« wäre man vor Neid erblasst.

29

MIT FRISCHER LUFT GEGEN TUBERKULOSE

Lungenheilstätte Kolkwitz

Mitten im Kiefernwald verborgen liegt dieses verzauberte Lost-Place-Juwel und lässt einen schnell ins Träumen geraten.

Kolkwitz, Landkreis Spree-Neiße, Brandenburg **ORT** Klinikbereich, 03099 Kolkwitz **GPS** 51.731923, 14.228624 **ANFAHRT** Das Gelände ist am besten mit dem Pkw zu erreichen. Von Berlin über die A13 Richtung Dresden und bei Lübbenau dann auf der A15 Richtung Cottbus wechseln; in Vetschau verlässt man die Autobahn und fährt auf der L49 Richtung Cottbus bis nach Kolkwitz.

Beim Anblick dieses Hauses läuft sicherlich nicht nur Immobilienmaklern das Wasser im Mund zusammen.

↑ ↗ Man kann und will gar nicht glauben, dass dieser Ort verlassen ist.

VERSTECKTES MÄRCHENSCHLOSS Schon beim ersten Anblick der in Backstein gehaltenen und teilweise mit Holz verzierten Klinikgebäude merkt man, wie die eigene Fantasie angeregt wird. An diesem Ort kann man sich plötzlich alles vorstellen. An Krücken gehende Klinikpatienten, aufgeregt umherhetzende Filmschaffende, entspannt flanierende Hotelgäste ... Nahezu unwirklich erscheint in diesem Moment die Stille, die tatsächlich herrscht. Umso beeindruckender ist in diesem Zusammenhang, wie gut das Gelände noch erhalten ist. Da es »weit ab vom Schuss« liegt und bereits seit 2007 verlassen ist, würde man hier doch deutlich mehr Spuren von Vandalismus erwarten. So stört man sich einzig und allein am Schornstein, der deutlich weiter als der Rest der Gebäude in den Himmel ragt und ein wenig das Gesamtbild stört.

LUNGENTHERAPIE IM WALD Im 19. Jahrhundert war die Tuberkulose eine weit verbreitete Krankheit, die nicht selten tödlich endete. Gab es Kliniken zu deren Behandlung anfänglich vor allem in den Bergen, erkannte man mit den Jahren die Vorzüge waldreicher Ebenen. Da die Stadt Cottbus zu dieser Zeit mit ebenfalls hohen Infektionszahlen zu kämpfen hatte, setzten sich verschiedene Personen und Institutionen für die Einrichtung einer Lungenheilstätte ein.
Nach weniger als zwei Jahren Bauzeit wurde das Klinikum am 13. Juni 1900 im Stadtforst Cottbus eröffnet. Bereits im Folgejahr besuchte Robert Koch, der Entdecker des Tuberkulose-Erregers, die Heilanstalt. Die guten Beziehungen des damaligen Chefarztes Dr. Bruno Bandelier machten diese besondere Visite möglich. Im Gepäck hatte Robert Koch das von ihm entwickelte Tuberkulin,

Kaum zu glauben, dass sich kein Investor für dieses ansehnliche und wirklich noch gut erhaltene Backstein-Ensemble findet.

ein vermeintliches Arzneimittel gegen Tuberkulose. Wie aus den Geschichtsbüchern bekannt, bewährte es sich leider nicht.

OPTIMAL FÜR DEN HEILUNGSPROZESS Die Auslastung der Klinik war sehr hoch und die Behandlung in der Anfangszeit vor allem auf Frauen ausgelegt. In der näheren Umgebung von Cottbus gab es viel Textilindustrie, in der der Anteil der weiblichen Beschäftigten beachtlich war. Gleiches galt bedauerlicherweise für die Zahl der Tuberkulose-Infizierten. Damals therapierte man die Erkrankten auf recht konservative Art und Weise, und schwor vor allem auf Bettruhe sowie Luft- und Lichtkuren. Die sonnige Waldlage tat ihr Übriges. Das bereits erwähnte Tuberkulin wurde hier ebenfalls eingesetzt.

NICHT VOM KRIEG VERSCHONT Die beiden Weltkriege hinterließen auch in Kolkwitz ihre Spuren – Personal wurde eingezogen, Heil- und Hilfsmittel konfisziert, Soldaten bevorzugt behandelt. Nach dem Ersten Weltkrieg wurde der Betrieb zeitweise sogar eingestellt. Während des Zweiten Weltkriegs wiederum war die Heilstätte vor allem mit Patienten des Cottbusser Carl-Thiem-Klinikums ausgelastet, da dieses bei einem Bombenangriff fast vollständig zerstört wurde. Das Kolkwitzer Klinikum hingegen erlitt kaum Schäden.

NEUE WEGE Mit den Jahren veränderten sich nicht nur die Behandlungsmethoden, sondern auch die Ausrichtung. Ab 1947 wurden neben Frauen auch Männer und Kinder behandelt. Zudem nahm man inzwischen lungenchirurgische Eingriffe vor. Die Klinik war zu dieser Zeit relativ autark. Das war möglich, weil eine eigene Schweinemästerei und landwirtschaftliche Einrichtungen wie eine Gärtnerei und ausreichend Ackerland zum Areal gehörten. Zahlreiche Mitarbeiter arbeiteten und wohnten auf dem Gelände. Um 1950 war die Heilstätte mit ihren 300 Betten die größte Einrichtung zur Tuberkulosebekämpfung in Brandenburg. Die Heilstätten in Beelitz dienten zu dieser Zeit als russisches Militärhospital. Mit dem fortwährenden Rückgang der Tuberkulose in den 1960er-Jahren zogen weitere Abteilungen des Carl-Thiem-Klinikums nach Kolkwitz. Die orthopädische Klinik, aber auch medizinische Fortbildungsstätten wurden vor Ort eingerichtet. Nach der Wende fanden verschiedene Umbau- und Renovierungsarbeiten statt, um die medizinische Versorgung gemäß aktuellen Standards sichern zu können.

UMZUG NACH COTTBUS Die Lage im Grünen, der einstige Standortvorteil des Geländes, erwies sich nun immer mehr als Nachteil. Im Jahr 2007 zogen die noch verbliebenen Abteilungen zum Hauptstandort nach Cottbus um. Der seit 1986 unter Denkmalschutz stehende Gebäudekomplex ist seitdem verwaist. Wie bei Immobilien dieser Größe üblich, hat das Gelände seit dem Mauerfall mehrfach den Besitzer und somit auch seine Zukunftspläne gewechselt. Ein Investor wollte auf dem Areal Wohnraum schaffen, was mit einer Nutzungsänderung einhergehen würde. Ein anderer plant nun die Einrichtung eines großen Medizinkomplexes zur Erforschung von Alterskrankheiten. Da dieser Vorschlag mit der Schaffung neuer Arbeitsplätze Hand in Hand ginge, ist die Euphorie in diesem Zipfel Brandenburgs besonders hoch. Passiert ist bislang jedoch noch nichts, zumindest nichts, was man sehen könnte.

Das besondere Erlebnis

Von Kolkwitz aus empfiehlt sich ein Besuch der Stadt Cottbus, die nicht nur mit historischen Bauten, sondern auch zahlreichen Grünflächen glänzen kann. Allen voran sei der von Fürst Pückler entworfene Branitzer Park erwähnt, durch den man stundenlang lustwandeln kann. Auch ein Besuch des Schlosses im Park ist zu empfehlen. Wem der Sinn nach etwas Zeitgenössischerem steht, der sollte das Brandenburgische Landesmuseum für moderne Kunst ansteuern. Es bietet neben Werken verschiedener moderner Kunstrichtungen zudem ein Schmuckstück der Industriearchitektur: Die Sammlung ist in einem ehemaligen Dieselkraftwerk untergebracht (www.blmk.de).

Das Gelände könnte sicherlich auch heute noch relativ autark betrieben werden.

In den 1960er-Jahren entstand in Stadtrandlage im Spandauer Forst eine Nervenheilanstalt.

30

ALS GEHEILT ENTLASSEN

Nervenheilanstalt Spandau

Zwischen Spandauer Forst und Waldkrankenhaus schlummert seit Jahren eine ehemalige Nervenheilanstalt. Bereits 2006 geschlossen, stehen die Gebäude nun über 15 Jahre später immer noch leer. Nachnutzungskonzepte gestalten sich schwierig. Woran liegt das?

Spandau, Berlin **ORT** Griesingerstraße 27, 13589 Berlin-Spandau **GPS** 52.5614682, 13.1541046 **ANFAHRT** Mit dem Auto über die Falkenseer Chaussee und weiter über die Stadtrandstraße; den Rest zu Fuß. Mit öffentlichen Verkehrsmitteln mit dem Bus M37 bis Griesingerstraße/ Stadtrandstraße; oder ein Stück weiter den Bus 137 oder X37 bis Falkenseer Chaussee/ Stadtrandstraße nehmen und von dort weiter zu Fuß.

HEILUNG IM GRÜNEN Die ehemalige Nervenheilanstalt wurde 1961 erbaut – in Stadtrandlage und mitten im Grünen direkt am Spandauer Forst. Nervenkranke wurden häufig außerhalb der Stadt verwahrt, abseits der restlichen Bevölkerung, wie schon in der Karl-Bonhoeffer-Nervenklinik in Wittenau. Die Spandauer gaben der Klinik den Beinamen »Fünfer Endstation«, da der Bus 5 hier endete. Die abgeschiedene Lage der Klinik erschwerte jedoch auch die Nachsorge stationärer Aufenthalte und die Besuchsmöglichkeiten von Freunden und Familie, da sie eben nur schwer und langwierig mit öffentlichen Verkehrsmitteln erreichbar war. Auf den meisten Stationen gab es nur Mehrbettzimmer für bis zu 10 Patienten. Die Klinik war nicht selten überbelegt, die Nachfrage war groß. Teilweise wurden daher zusätzliche Betten in die ohnehin schon überbelegten Zimmer oder die Flure gestellt. Es gab keine Privatsphäre, was sich wiederum negativ auf die Psyche der Bewohner auswirkte.

CHAOTISCHE ZUSTÄNDE Von einer geordneten Struktur und Organisation der Patienten konnte hier leider nicht die Rede sein. Die Zimmer wurden bunt zusammengestellt mit Patienten unterschiedlicher Krankheiten und Störungen. Demenzkranke lagen zusammen mit Drogenabhängigen, suizidgefährdeten Personen oder Menschen mit Depression. Es gab auch Bewohner, die immer wieder für eine längere Zeitspanne aufgenommen wurden. Die Menschen wurden, Berichten zufolge, eher nach Wohnbezirk und Geschlecht getrennt. Fast alle waren von Armut betroffen, nur ein Bruchteil war überhaupt erwerbstätig. Neben der eigentlichen Therapie und möglichen Heilung waren die Mitarbeiter der Klinik daher nicht selten auch mit Anträgen auf Kostenübernahme und Sozialhilfe, Schulden, Wohnungsauflösungen und Räumungsklagen der Patienten beschäftigt.

IN DIE JAHRE GEKOMMEN In dem Buch »40 Jahre Psychiatrie-Enquete« (Google Books) berichtet ein junger Medizinstudent

Nervenkranke wurden häufig außerhalb der Stadt verwahrt, möglichst weit abseits der Bevölkerung.

eindrücklich von seinen Erfahrungen in der Nervenklinik in den 1990er-Jahren. Bereits zu diesem Zeitpunkt waren die Zustände mehr schlecht als recht. Die Klinik war renovierungsbedürftig und in die Jahre gekommen, die Waschräume heruntergekommen. Die Patienten gingen auf den langen Fluren apathisch auf und ab. Der Mix aus Zigarettenqualm, Essen und zu vielen Menschen schuf eine unangenehme Atmosphäre.

PSYCHIATRIEREFORM Die Psychiatrie-Enquête von 1975 erreichte in den 1990er-Jahren auch endlich die Nervenklinik in Spandau. Mit der Verkleinerung der Stationen und Kapazitäten gingen auch Enthospitalisierungsprogramme einher. Patienten sollten so aus der Klinik entlassen und mithilfe von sozialen Trägern in therapeutische Wohngemeinschaften verlegt werden. So konnten eine Teilhabe am Leben und die Pflege von sozialen Kontakten besser sichergestellt werden. In der Nervenheilanstalt arbeiteten auch Koryphäen auf ihrem Gebiet, zum Beispiel Dr. Waltraud Balla und Gerhard Röthler. Waltraud Balla war die erste Fachärztin für Jugendpsychiatrie in Deutschland und leistete u. a. als Chefärztin der Nervenklinik Spandau Pionierarbeit. Dafür wurde sie 2002 mit dem Bundesverdienstkreuz geehrt. Gerhard Röthler war in der Klinik als Musiktherapeut tätig. Es wird berichtet, dass Christiane F. und andere »Kinder vom Bahnhof Zoo« hier ihren Entzug absolvierten.

RETTUNG FÜR STREUNERKATZEN 2006 kam dann das Aus für die Nervenklinik mit ihren 225 975 Quadratmetern. Als die Vivantes GmbH 2000 gegründet wurde, wurde das Klinikgelände bereits als nicht betriebsnotwendig eingestuft. Die endgültige Schließung der Nervenheilanstalt erfolgte dann

↓ ↘ Seit 2006 steht das Areal leer und befindet sich in einem traurigen Zustand.

Eine Nachnutzung ist nicht in Sicht, da das Gelände auch heute noch »JWD« ist: Janz weit draußen.

2006. Seit 2007 steht das Gelände leer. Hier lebten auch über 20 Streunerkatzen. Die »aktion tier« hatte in den Monaten nach der Schließung ehrenamtliche Tierfreunde im Einsatz, die die Streuner fütterten. Bis das Gelände endgültig geschlossen wurde, sollten alle Tiere eingefangen und an Katzenliebhaber vermittelt werden. Unter den Fütterhelfern waren auch ehemalige Patienten der Nervenklinik.

JWD Das Areal befindet sich derzeit in einem traurigen Zustand: Viele Gebäude sind verfallen, Fenster eingeschlagen und alles ist von Pflanzen und Bäumen überwuchert. Bereits seit 2013 gibt es Pläne, auf dem Gelände Wohnungen zu errichten. Bisher sieht man von etwaigen Baumaßnahmen jedoch nichts. Das größte Problem ist die Verkehrsanbindung. Wie bereits seit der Eröffnung in den 1960er-Jahren, ist das Gelände auch heute nur eher schwierig mit den öffentlichen Verkehrsmitteln zu erreichen. Was früher der Bus 5 war, ist heute der M37 – »JWD« wie der Berliner sagt. Janz weit draußen. Das reicht wohl nicht, um hier eine lukrative Wohnanlage zu errichten. Daher ist auch diese Zukunft ungewiss.

Das besondere Erlebnis

Das Gelände grenzt direkt an den Spandauer Forst. Ein Spaziergang lohnt sich. Ein Stück weiter Richtung Altstadt befindet sich ein Wildtiergehege. Entlang der Kuhlake kann man wunderbar spazieren. Es ist verwunschen schön.

31

OBDACH FÜR OBDACHLOSE

Asylheim Wiesenburg im Wedding

Das Obdachlosen-Asyl Wiesenburg im Wedding wurde 1897 gegründet und galt in seiner Zeit als fortschrittlich und revolutionär. Hygiene und Wohlergehen der Bewohner standen im Vordergrund und weniger die Missionierung, wie in anderen ähnlichen Einrichtungen. Was ist mit dem Gebäude seit der Gründung passiert?

Gesundbrunnen, Berlin **ORT** Wiesenstraße 55, 13357 Berlin **GPS** 52.5466911, 13.3758726 **ANFAHRT** Mit dem Auto über die Pankstraße und dann in die Wiesenstraße abbiegen. Hinter der Bahntrasse rechts befindet sich das Gelände. Mit der S-Bahn bis Wedding und dann weiter über Nettelbeckplatz, Pankstraße und Wiesenstraße zu Fuß

Die Backsteinmauern blicken auf eine wechselvolle Geschichte.

WICHTIGE EINRICHTUNG Der Berliner Asylverein für Obdachlose erbaute und unterhielt Unterkünfte für Obdachlose. Er wurde 1868 in Berlin-Wedding gegründet. Die wichtigste Einrichtung des Vereins war das im Volksmund als »Wiesenburg« bezeichnete Asylheim am Gesundbrunnen. Lange Zeit war man der Ansicht, dass Wohnungslosigkeit immer durch persönliches Verschulden, wie nicht bezahlte Miete oder Stromrechnungen, zustande kam. Obdachlose wurden daher häufig von der Polizei aufgegriffen und in Polizeigewahrsam genommen. Dies war jedoch wenig zielführend und bot keinerlei Unterstützung für die Wohnungslosen. Dank des Engagements einiger Berliner Bürger wurde am 30. November 1868 der Asylverein für Obdachlose gegründet. Unter den Gründern waren auch Berliner Persönlichkeiten wie August Albert Borsig, Rudolf Virchow oder der Fabrikant Paul Singer. Wohl nur wegen der hochrangigen Mitglieder konnte der Verein so lange wirtschaftlich und gesellschaftlich existieren.

Viele Dächer sind eingestürzt, Bäume wachsen allerorten.

HYGIENE UND WOHLERGEHEN Die Unterkünfte des Asylvereins unterschieden sich erheblich von den anderen Obdachlosenunterkünften ihrer Zeit. Hier gab es keinen Arbeitszwang und keine verbindliche Teilnahme an Gebeten. Obdachlose konnten anonym in den Unterkünften wohnen, selbst die Polizei hatte bis 1910 keinerlei Zutritt. Bis ins Jahr 1914 wurden täglich warme Mahlzeiten ausgegeben. Nach Errichtung je eines Frauen- und eines Männerasyls in Berlin-Mitte begann man Ende 1897 mit dem Neubau einer Obdachloseneinrichtung in der Wiesenstraße in Berlin-Gesundbrunnen. Der Neubau war nur möglich dank einer großzügigen Spende eines Berliner Arztes. Auf 12 000 Quadratmetern bot das Areal Platz für 700 obdachlose Männer. Das Gelände verfügte über Schlafsäle, Speisesaal, Bibliothek und Wohnungen für Aufseher. Die Bewohner konnten hier duschen, baden und ihre Kleider waschen. Rudolf Virchow kümmerte sich um die Hygiene in der Einrichtung. Die Wiesenburg verfügte daher über eine eigene Heizungsanlage, mit der das Badewasser erwärmt werden konnte. Nahezu alle Räume hatten fließendes Wasser, welches über einen 112 Meter tiefen Brunnen gespeist wurde, und elektrisches Licht, was damals sehr außergewöhnlich war.

MILITÄRISCHE NUTZUNG Anfang des 20. Jahrhunderts kamen weitere 400 Betten für Frauen dazu. Zu dieser Zeit wurde die Wiesenburg auch von Erntehelfern, Dienstmädchen und Wanderarbeitern genutzt und verzeichnete etwa 300 000 Übernachtungen jährlich. Als 1914 der Erste Weltkrieg ausbrach, wurde das Gelände teilweise vom

Melancholisch-schön muten die alten Backsteingebäude an.

Militär genutzt. Der Verein, der überwiegend auf Spenden angewiesen war, hatte mit finanziellen Problemen zu kämpfen. Dank finanzieller Hilfen der Stadt Berlin konnte das Asyl jedoch weiterbetrieben werden. Ab 1924 wurden Teile des Geländes an Gewerbebetriebe vermietet. Mitte der 1920er-Jahre ging das Gelände an die Jüdische Gemeinde über, die es bis zur Machtergreifung der Nationalsozialisten als Obdachlosenheim weiterbetrieb. 1933 wurde es dann von den Nazis geschlossen und als Produktionsstätte für Fahnen und Rüstungsgüter genutzt. In den Kellerräumen waren Zwangsarbeiter interniert. Bei Luftangriffen der Alliierten wurde die Wiesenburg in den letzten Kriegsjahren teilweise stark zerstört. Lediglich das Beamtenwohnheim und einige Teile des Frauenasyls blieben erhalten.

Aus einem bestimmten Winkel könnte man meinen, es sei alles noch intakt.

UMNUTZUNG NACH DEM KRIEG In der Zeit nach dem Zweiten Weltkrieg nutzten viele ausgebombte Familien und Flüchtlinge die noch erhaltenen Gebäude als Wohnstätte. Einige kleine Gewerbebetriebe siedelten sich in den 1950er-Jahren an. Die Eigentümerfrage zwischen dem Land Berlin und den Nachfahren der Vereinsgründer blieb nach dem Krieg ungeklärt. In den 1980er-Jahren sollten auf dem Gelände Hochhäuser gebaut werden. Dies scheiterte aufgrund heftiger Proteste der Bewohner. Viele Gebäude verfielen zusehends. Kreative und Künstler siedelten sich vermehrt in den Räumlichkeiten an und machten das Gelände zu dem, was es bis heute ist – ein verträumter Ort für Kulturschaffende, Künstler und Freigeister.

EIN VERTRÄUMTER ORT Die Eigentümerverhältnisse blieben noch lange ungeklärt, bis ein Gericht dem Land Berlin das Gelände zusprach. Dieses übertrug das Areal der ehemaligen Wiesenburg im April 2014 der Wohnungsgesellschaft degewo. Ein Gutachten hatte ergeben, dass einige Teile des Gebäudes einsturzgefährdet sind. Daher wollte die degewo die betroffenen Gebäudeteile absperren lassen. Dies führte zu Protesten der Bewohner. Es wurde zu Recht befürchtet, dass die Künstler und Kreativen vertrieben werden sollten. Das Presseecho war entsprechend groß. Im April 2015 ließ die degewo dann verlauten, dass die hier ansässigen Künstler und Bewohner nicht vertrieben werden sollten. Vielmehr sind eine gemeinsame Konzeption und Umsetzung angedacht. Ebenfalls 2015 schlossen sich die derzeitigen Bewohner und Gewerbetreibenden zum Verein Die Wiesenburg e. V. zusammen. Der Verein

↑ Heute haben sich Kreative und Künstler das Grundstück zu eigen gemacht.
↗ Die Natur ist eins mit den Ruinen der ehemaligen Wiesenburg.

hat in Zusammenarbeit mit dem Quartiermanagement Pankstraße ein sozio-kulturelles Zentrum auf dem Gelände der Wiesenburg geplant. Ende 2015 ließ die degewo erneut alle Werkstätten und Ateliers sperren. Grund sei eine erhebliche Einsturzgefahr.

BEHUTSAME SANIERUNG Das komplette Gelände steht unter Denkmalschutz. Das Areal soll nun bis 2029 saniert bzw. bebaut werden. Eine behutsame Integration von Alt und Neu steht hier im Vordergrund. Insgesamt investieren die degewo und das Land Berlin gut 11 Millionen Euro in die Sanierung der Bausubstanz und die Revitalisierung des Geländes. Das Gelände soll einem Nutzungsmix aus Wohnen, Arbeiten, Handwerk, Kunst und Bildung unterzogen werden und so den bisherigen Charakter möglichst beibehalten. Im hinteren Bereich wurden bei unserem Besuch bereits erste Neubauten errichtet – größtenteils mit historisch anmutenden Klinkerfassaden, die zur Architektur der Überreste der Wiesenburg passen. Es sieht ganz so aus, als würde das Gelände nun endlich aus dem Dornröschenschlaf geweckt werden, ohne seinen alten Charme zu verlieren.

Das besondere Erlebnis

Das Gelände ist frei zugänglich und wirklich schön. Für einen ausgedehnteren Spaziergang lohnt ein Abstecher zur Panke, der man entweder in nördlicher Richtung nach Reinickendorf oder gen Süden zur Friedrichstraße folgen kann (auch ideal für Radfahrer).

Auf dem großen Gelände finden sich zahlreiche, nach wie vor ansehnliche Gebäude.

32

VON FUCHS UND HASE UMSORGT

Pflegeheim Saalower Berg

Weit entfernt von der nächsten Ortschaft versteckt sich mitten im brandenburgischen Wald eine riesige unbewohnte Pflegeeinrichtung, deren Zauber man sich nur schwer entziehen kann.

Am Mellensee, Landkreis Teltow-Fläming, Brandenburg **ORT** Horstweg Saalow 2, 15838 Am Mellensee **GPS** 52.191050, 13.361193 **ANFAHRT** Bevorzugt man den ÖPNV, empfiehlt sich die Anreise mit dem RE5 bis Zossen und von dort mit dem Bus 706 Richtung Wünsdorf bis zur Haltestelle »Saalow, Berg«. Um einiges schneller ist jedoch die Anfahrt mit dem Pkw: von Berlin über die B101 und in der Nähe von Trebbin auf die B246 abbiegen (rechte Ausfahrt). Nach knapp 2 Kilometern der Straße nach Gadsdorf folgen und von dort nach Saalow bis zum Ziel.

TIEF IM BRANDENBURGER WALD Nähert man sich dem Gelände aus Richtung Zossen, durchquert man auf dem letzten Kilometer ein großes Waldgebiet. Man wartet fast darauf, dass jeden Moment ein Fuchs, ein Reh oder ein Wildschwein über die Straße huscht. Ist man dann am Ziel angelangt, erstaunt der große Parkplatz mit Bushaltestelle, dem man nicht so recht über den Weg trauen will. Hinzu kommt das Äußere am Eingang des Geländes. Metalltor, Steinzaun und Plattenbau lassen einen umgehend »Typisch DDR!« denken.

KLEINE URSACHE, GROSSE WIRKUNG
Da das Areal nicht erst seit gestern leer steht, hat sich Mutter Natur an einigen Stellen bereits recht breitgemacht. So ist der Eingang zum ersten Gebäude entgegen seiner früheren Bestimmung mittlerweile gut getarnt. Ist man dann im Inneren angelangt, sollte man an windigen oder verregneten Tag aufmerksam lauschen: Wenn Böen aufkommen, ist die Geräuschkulisse filmreif und lässt einen immer wieder kurz zusammenzucken.

VON DER KASERNE … Die Geschichte der Anlage geht bis in die 1930er-Jahre zurück. 1936 entstand hier ein Kasernengelände für den Test von Sperrballons. Dabei handelt es sich um mittelgroße Fesselballons, die mit ihren im Boden verankerten Seilen dem Schutz vor Angriffen durch feindliche Flugzeuge dienten. 1940 wurde das Ganze dann in eine Ausbildungsstätte für Sanitäter umgewandelt und bis zum Ende des Zweiten Weltkriegs zusätzlich als Lazarett genutzt. Zu diesem Zeitpunkt verschwanden bereits ein paar der bestehenden Baracken.

Im Festsaal wurden bestimmt viele rauschende Feste gefeiert, an die sich die Teilnehmer noch heute gern erinnern.

↑ Manche Besucher lieben es, ihre Spuren zu hinterlassen.
↗ Wegen der kaputten Fenster können die Naturgewalten leichter eindringen.

... ZUM UMSIEDLERHEIM Die noch verbliebenen Behelfsbauten wurden ab 1946 als Unterkunft für Umsiedler eingesetzt. So wurden die Flüchtlinge und Heimatvertriebenen des Zweiten Weltkriegs – trotz der früheren nationalsozialistischen Nutzung des Begriffs – von der sowjetischen Besatzungsmacht genannt. Ein Großteil dieser Menschen nutzte in den Folgejahren die Möglichkeit zur Flucht nach Westdeutschland.

REALSOZIALISTISCHE PFLEGEPOLITIK 1948 folgte dann das Feierabendheim Saalow. Aus diesem ging ein paar Jahre später das Pflegeheim hervor, das ab 1954 den Namen Pflegeheim Freundschaft trug. In den Folgejahren wurden die ersten festen Gebäude ergänzt, das Heim mauserte sich zum DDR-Vorzeigeobjekt. Immer wieder kamen Delegationen vorbei, um sich die inzwischen unter dem Namen Maxim-Zetkin-Heim bekannte Einrichtung anzusehen. Es gab eine Apotheke, einen Friseur, eine Kantine, eine Sauna, einen Festsaal und noch viel mehr. Das bedeutete jedoch nicht, dass die hier Arbeitenden und Lebenden ein schönes Leben hatten.

SAALOW UND NICHT WEITER Für viele der Bewohner war Saalow Endstation. Hier wurden geistig und körperlich Behinderte jeden Alters, Senioren, Pflegebedürftige und Alkoholiker untergebracht, für die sich andernorts kein Platz fand. Viele von ihnen wurden in den noch stehenden Holzbaracken einquartiert – oder besser gesagt zusammengepfercht. Was hier bei einem Brand hätte passieren können, will man sich gar nicht ausmalen. Und dennoch war das Heim beliebt. Starb einer der Bewohner, wurde sein Bett keinesfalls kalt. Die Pflegeeinrichtung war immer noch deutlich besser ausgestattet als alle anderen der DDR.

GUT UND RECHT Zu seinen Hochzeiten lebten bis zu 800 Menschen im Heim. Kurz vor der Schließung im Jahr 2004 waren es etwas mehr als 600. Was während all der Betriebsjahre fehlte, waren ausreichend Personal und Inventar zur Pflege der Bewohner. Daher war man auch besonders stolz auf die Arbeitstherapie, die man jahrelang anbieten konnte und die den Bewohnern zumindest etwas Abwechslung brachte. Im Maxim-Zetkin-Heim wurden kleine Teile für den Trabi zusammengebaut und Besteck für die staatliche Fluggesellschaft Interflug zusammengepackt. Konnten sich die Bewohner so ein minimales Taschengeld hinzuverdienen, war es für einige Angehörige sicherlich eine doppelte Freude. Schließlich mussten sie monatlich nur 120 Mark zahlen und wussten ihre Verwandten dafür gut umsorgt.

DAS ALTE GEHT Mit der Einführung des bundesdeutschen Pflegesystems war das Ende des Heimes besiegelt. Ging es nach der Wende zunächst in freie Trägerschaft, konnte es sich im neuen Gesundheitssystem nicht lange halten. 2004 wurde das Maxim-Zetkin-Heim offiziell und feierlich geschlossen. Kurz zuvor wurden die noch verbliebenen Baracken abgerissen. Heute befindet sich dort eine Einrichtung zur Seniorenbetreuung des Deutschen Roten Kreuzes.

DIE ZUKUNFT IST UND BLEIBT UNGEWISS Über die Jahre gab es diverse Ideen zur Wiederbelebung. Man wollte beispielsweise die Gemeindeverwaltung im alten Hauptgebäude unterbringen, eine geschlossene Einrichtung für Suchtkranke etablieren und altersgerechtes Wohnen ermöglichen. Der Landkreis versuchte mehrfach, das gesamte Gelände zu verkaufen. Jedoch vergeblich. Ende 2024 wurde es dann unerwartet unter Denkmalschutz gestellt. Vielleicht, um neue Investoren anzulocken.

Der frühere Haupteingang ist heute erst auf den zweiten Blick zu erkennen.

Das besondere Erlebnis

Wenn man schon mal in der Gegend ist, sollte ein Abstecher nach Wünsdorf unbedingt Teil der Planung sein. In Wünsdorf kann man die ehemals »verbotene Stadt« oder einen der erhaltenen Bunker bei einer Führung bewundern. Darüber hinaus gibt es auch weitere besondere Orte wie den Zehrensdorf Indian Cemetery, einen deutschen Soldatenfriedhof für indische Kriegsgefangene, oder die Überreste des Halbmondlagers, die einen Besuch wert sind.

33

IN ZWEI MINUTEN UNTER DER SPREE HINDURCH

Spreetunnel Stralau-Treptow

Zwischen Treptower Park und der Halbinsel Stralau findet sich ein besonderes Relikt der Berliner Verkehrsgeschichte, das sicherlich auch heute noch Massen begeistern würde.

Friedrichshain-Kreuzberg und Treptow-Köpenick, Berlin **ORT** Platz am Spreetunnel, 12435 Berlin ODER Tunnelstraße 11, 10245 Berlin **GPS** 52.487815, 13.476854 ODER 52.490473, 13.480788 **ANFAHRT** Die Buslinien 165, 166 und 265 halten beim Biergarten Zenner, nahe dem Platz am Spreetunnel. Möchte man den Ausflug mit einem Spaziergang verbinden, kann man mit der S-Bahn (S8, S9, S41, S42, S85) bis zur Haltestelle Treptower Park fahren und von dort durch den gleichnamigen Park in Richtung Zenner flanieren. Möchte man sich diesen Ort von der Halbinsel Stralau aus ansehen, kann man mit dem Bus 347 oder M43 direkt bis zur Haltestelle Tunnelstraße fahren.

Ungefähr an dieser Stelle befand sich einst die Tunnelzufahrt auf Alt-Stralau.

Heute zeugen nur noch Straßennamen von dem außergewöhnlichen Bauwerk, das unter der Spree verlief.

NAHEZU KEINE SPUREN HINTERLASSEN Es gibt nicht viele Orte, auf die gleich mehrfach im Straßenbild hingewiesen wird, obwohl sie gar nicht mehr existieren. Der Spreetunnel zwischen der Halbinsel Stralau und dem Treptower Park ist einer von ihnen. Geht man auf einer der beiden Spreeseiten spazieren, sucht man vergebens nach Überresten des einstigen Vorzeigebauwerks. Heute zeugen nur noch die Straßennamen Platz am Spreetunnel und Tunnelstraße von der ehemaligen verkehrstechnischen Anlage. Von den alten Zugängen ist nichts mehr zu sehen.

ERSTER SEINER ART IN DEUTSCHLAND Ende des 19. Jahrhunderts legten die Unternehmen AEG und Siemens & Halske der Stadt Berlin ihre Pläne zum Bau von elektrischen Hoch- und Untergrundbahnen vor. Beide Vorschläge wurden wegen der vermuteten Veränderung des Stadtbildes und Zweifeln an einer erfolgreichen Umsetzung abgelehnt. Da die AEG auf, oder besser gesagt unter ihrem Weddinger Firmengelände bereits erfolgreich einen 295 Meter langen Tunnel erstellt hatte, konnte sie zumindest die Gemeinde Stralau vom Bau eines U-Bahn-Probetunnels unter der Spree überzeugen. Voraussetzung war aber, dass der Tunnel für den Straßenbahnbetrieb genutzt wurde.

SCHWIERIGE BAUARBEITEN Für den Bau, der von 1895 bis 1899 durch die Gesellschaft für den Bau von Untergrundbahnen erfolgte, wurde erstmals das in England entwickelte Schildvortriebverfahren angewendet. Ursprünglich war die Fertigstellung bereits für 1896, zur Berliner Gewerbeausstellung, einer der bedeutendsten Industriemessen der damaligen Zeit, geplant. Dieser Termin konnte aufgrund des eigenwilligen, immer wieder

Auch aufseiten des Treptower Parks wurde die ehemalige Rampe zugeschüttet.

nachrutschenden Baugrunds jedoch nicht eingehalten werden. Mit einer Verspätung von drei Jahren wurde der 454 Meter lange Tunnel schließlich am 18. Dezember 1899 an den Liniendienst der Berliner Ostbahnen übergeben. Die Bahnen fuhren vom heutigen Ostbahnhof bis nach Treptow und später sogar bis nach Köpenick.

TREPTOWER ATTRAKTION Der Tramverkehr erfolgte bei der Unterquerung der an dieser Stelle etwa 200 Meter breiten Spree eingleisig. Zur Vermeidung von Zusammenstößen wurde ein Signalstab eingesetzt. Diesen erhielt der Straßenbahnfahrer bei der Einfahrt in den Tunnel von einem dort abgestellten Streckenposten. Da der Stab nur einmal vorhanden war, konnte immer nur derjenige Fahrer den Tunnel benutzen, der in seinem Besitz war. Unter den Berlinern erhielt die Tramlinie daher den Namen »Knüppelbahn«.

DREI JAHRZEHNTE IN BETRIEB Da die Fahrgastzahlen im Lauf der Jahre wegen neuer öffentlicher Verkehrsverbindungen sanken und der Tunnel von ersten baulichen Schäden heimgesucht wurde, entschied man sich am 15. Februar 1932 zur Aufgabe des unterirdischen Streckenabschnitts. Die Kosten für die Beseitigung der Risse standen in keinem Verhältnis zum aktuellen Wert. Zu den Olympischen Sommerspielen 1936 wurde der Spreetunnel dann noch einmal für Fußgänger geöffnet, weil sich die Regattastrecke in unmittelbarer Nähe befand und so relativ unkompliziert zu Fuß erreicht werden konnte.

ERST SCHUTZRAUM, DANN RAUMSCHUTZ Während des Zweiten Weltkriegs wurde die Stralauer Seite des Tunnels als Luftschutzraum genutzt. Dafür wurde eine Betonmauer hinzugefügt, die den eigentlichen Tunnel, der an seiner tiefsten Stelle 12 Meter unter der Spree liegt, von der Luftschutzanlage trennt. Da eine Instandsetzung des Tunnels nach Kriegsende nicht möglich war, wurde das Bauwerk 1948 aus Sicherheitsgründen vollständig geflutet. 20 Jahre später verschwanden dann auch die früheren Zugänge auf beiden Seiten der Spree.

KURZZEITIGER BLICK IN DIE VERGANGENHEIT 1996 wurde der Zugang aufseiten der Halbinsel Stralau im Rahmen der geplanten Neubebauung noch einmal freigelegt. Für wenige Tage konnte der noch gut erhaltene Luftschutzraum samt Inventar von den zuständigen Experten bewundert und begutachtet werden. Da die Überprüfung bisherige Erkenntnisse bestätigte und eine Wiederherstellung weiterhin unwirtschaftlich gewesen wäre, wurde der Zugang erneut verschlossen. Der Berliner Unterwelten e. V. möchte dieses einmalige Stück Stadtgeschichte keinesfalls in Vergessenheit geraten lassen und plant daher, eine Art »Archäolgisches Fenster« auf der Stralauer Seite einzurichten. In jüngster Zeit wurden zudem Stimmen aus der Politik laut, die über eine Reaktivierung als Fußgängertunnel nachdenken.

Das besondere Erlebnis

Die Halbinsel Stralau ist nicht nur aufgrund ihrer jüngsten städtebaulichen Entwicklung eine Reise wert. Sie hat auch geschichtlich einiges zu bieten, was vor Ort anhand von Informationstafeln an historisch bedeutsamen Stellen nachvollzogen werden kann. Frischluftfanatiker kommen hier oder im Treptower Park ebenfalls voll auf ihre Kosten. Im Treptower Park darf der Besuch des Sowjetischen Ehrenmals natürlich nicht fehlen. Die Archenhold-Sternwarte und eine Bootsfahrt auf der Spree bieten sich ebenfalls für einen Tagesausflug an.

In Berlin und Brandenburg finden sich noch immer viele verlassene Fabrikgebäude.

Hier geraten Zaunkönige unweigerlich ins Schwärmen.

REGISTER

IMPRESSUM

Verantwortlich: Julia Körber, Julia Vogl
Lektorat: Franka Virteburch
Korrektorat: Ralf J. Klumb | The Wordworms
Layout: BUCHFLINK Rüdiger Wagner, Nördlingen
Covergestaltung: Rudi Stix
Kartografie: Bruckmann Verlag GmbH, Heidi Schmalfuß
Repro: LUDWIG:media
Herstellung: Alexander Knoll
Printed in Slovenia by Florjancic

Sind Sie mit diesem Titel zufrieden? Dann würden wir uns über Ihre Weiterempfehlung freuen.
Erzählen Sie es im Freundeskreis, berichten Sie Ihrem Buchhändler, oder bewerten Sie bei Onlinekauf.
Und wenn Sie Kritik, Korrekturen, Aktualisierungen haben, freuen wir uns über Ihre Nachricht an Bruckmann Verlag, Postfach 40 02 09, D-80702 München oder per E-Mail an lektorat@verlagshaus.de.

Unser komplettes Programm finden Sie unter www.bruckmann.de

In diesem Buch wird aus Gründen der besseren Lesbarkeit das generische Maskulinum verwendet. Weibliche und anderweitige Geschlechteridentitäten werden dabei ausdrücklich mitgemeint, soweit es für die Aussage erforderlich ist.

Empfehlung der Redaktion Sie sind auf der Suche nach weiterführender Literatur? Dann empfehlen wir Ihnen den Titel »Lost & Dark Places Berlin« von Christine Volpert und Corinna Urbach. Oder Sie werfen einen Blick in die Zeitschrift BERGSTEIGER. Hier werden Sie bestimmt fündig.

Bildnachweis Alle Bilder im Innenteil stammen von den Autorinnen, mit Ausnahme von: S. 64–67: Cindy Bretschneider; S. 72–73: Jens Bretschneider; S. 128: Wikimedia/James Steakley.
Umschlagvorderseite: Verlassene Villa in Frankfurt/Oder
Umschlagrückseite: 41. Fla-Raketenabteilung Kremmen, Kapitel 16

Die Deutsche Nationalbibliothek verzeichnet diese Publikation in der Deutschen Nationalbibliografie; detaillierte bibliografische Daten sind im Internet über http://dnb.d-nb.de abrufbar.

ISBN: 978-3-7343-2442-0